喬木
書房

喬木書房

人生沒有如果，
只有後果和結果。

# 有些事該決定，有些事該改變

杜 風----著

這個世界上沒有人是一帆風順，事事如意；
要學會掌握自己的人生，
秘訣往往在於懂得接受現實，適應環境，量力而為。
出色的決定讓你敏銳果斷而目光如炬，
牢牢把握住每一個可能成功的機會；
而粗劣的決定使你渾渾噩噩，與成功擦肩而過。

# 目錄

# 前言

## 人生有些該有的決定，你做好了嗎？
## 人生有些不該有的陋習，你知道嗎？

當你三十歲時，還有誰願意像你的父母，含辛茹苦為你營造與世隔絕的溫室，當你的父母逐漸老邁時，所有的世間風雨都要自己去面對；是露宿街頭等待餓死還是自己走出一片天，你將如何決定？

當你三十歲時，還有誰願意像你的老師，傳道授業教你如何蹣跚學步，當你走出校園時，所有的坎坷泥濘都要你獨自走過；是仰人鼻息還是自己擁有一技之長，你如何決定？

三十歲，正值人生承先啟後之際，當你三十歲時，擁有了自己的翅膀，也看到了屬於自己的那片藍天，即使羽翼未豐，畢竟你已開始在自己的航道上準備飛翔，所有的方向，都由你自己掌握；是風雨來臨前倦鳥，還是往更高的地方飛去，你如何決定？

當你三十歲時，沒有人會再輕易寬容你的過失、魯莽和粗心，哪怕只是一丁點的失誤，都可能會給自己增添不少的麻煩，是破繭成蝶還是遭人唾棄，你如何決定？

出色的決定讓你敏銳果斷而目光如炬，牢牢把握住每一個可能成功的機會；而粗劣的決定使你渾渾噩噩，與成功擦肩而過。

出色的決定讓你享受幸福，人生沿途的任何一幅風景都是那麼鳥語花香、甘之如飴；而粗劣的決定會使你永遠接觸不到幸福的真義。既然決定如此重要，你是讓別人來決定你的命運，還是你自己掌握？

人生沒有什麼一定的道理，真正的道理其實不是長篇大論可以說清楚的，而是隱藏在生活中，我們想藉由一些韻味雋永的小故事，向你講述人生百態，你可以看到書中的三教九流，形色種種，他們是如何為自己人生做決定的。讀者掩卷之餘，可將書中人物、細節與現實一一對應，三十而立前，為何決定，如何決定，決定後又如何貫徹，也許在你看完本書之後，會有新的理解。

# 第一章：決定學習的方向

學習是人生必要的環節也是主要的知識來源，學習是人們登上人生舞臺所要做的第一個決定，學習並非囫圇吞棗死讀書那樣簡單，為何而學，怎樣處理好學習和思考之間的關係，如何更有效地學，以及如何做到學以致用，都是貫穿在學習過程中必須加以注意的，能否注意這些要點，其實比學習本身重要。

## 第一節：認識自己比了解別人重要

井有多大？天空又有多大？學習是人們不斷充實自己、優化自己，並促使自己不斷進步的原動力，但畢竟生有涯，學無涯。知識是如此的浩瀚遼闊，我們窮其一生也只能求得滄海一粟。與其什麼都學，掛一漏萬，還不如為自己量身裁衣、專研其一。

學習只能讓我們領略人生，而不能將全部的人生取而代之。

學習是為了生活得更好而實行的手段，學習本身並不是一種目的，因而，在學習之前，先問問自己到底需要什麼，然後制定相對的學習計畫。

## 唱歌是份外的事

捕鼠高手貓頭鷹，雖然每晚都能在田野裡捉到很多老鼠，卻始終聽不到人們的讚揚聲。鬱悶不平的牠在樹枝上苦思原因，牠覺得是因為自己平時沈默寡言，因而獲得再多成績也引不起別人的注意。而布穀鳥一隻老鼠也捉不了，卻憑著一副能唱歌的好嗓子受到了人們的喜愛。為了博取大家的喜愛，貓頭鷹決定以歌聲來推廣自己。

第二天晚上，牠早早地來到了樹林裡，棲上枝頭後便開始引亢高歌，沒想到這天牠捕捉到的老鼠少得可憐。貓頭鷹唱了一整夜，非但無人喝采，連老鼠也沒捉到幾隻，只好餓著肚子回了家。

第三天晚上，在一路嘹亮的歌聲中，貓頭鷹來到了田野，這是它以前能捕捉到大量老鼠的地方。令牠大失所望的是，由於牠的歌聲太過張揚，早已嚇跑了所有田野裡的老鼠。唱著歌的貓頭鷹一無所獲，肚子空空地過了一夜。

第四天晚上，不甘心的貓頭鷹又來到了人群比較密集的村落，心想這次總能以歌聲引起人們的讚美，結果再次令牠難以相信，還沒等牠唱完，憤怒的人們就將石塊如雨點般地砸向貓頭鷹，人們口中還在罵道：「可惡的貓頭鷹，不好好去田裡捉老鼠，偏偏到這裡發出噪音來影響我們休息，真是該打！」

學習不只是努力就可以了，更在於學習的方向和方法。「尺有所短，寸有所長。」人生最重要的就是揚長避短。每個人都要根據自己與眾不同的特長與愛好，有針對性地制定學習計畫。貓頭鷹的特長在於夜間捕鼠而不是唱歌，牠花再多時間在唱歌上，還不如花小部分時間在提高自己捕鼠的技能上。

## 趁天亮前多撿一點寶石

古時候有一個巴格達商人，為了趕在天亮前做成一筆生意而連夜走在漫長的山路上。深夜的山路因為月光的照耀，顯得靜謐而美麗。此時商人耳邊傳來一個神秘的聲音：「趁黎明來臨之前，沿途多撿一些石頭吧，那是上天賜給你的禮物。不要管我是誰，我可以確定的是，天亮時，你收穫的將是兩樣東西。一樣是歡喜，一樣則是懊悔。」

商人聽完後半信半疑，但一路上還是隨機地撿了些許石塊放在自己的行囊裡，由於子夜時分月黑風高，商人看不清楚他撿起的都是些什麼石頭。

地平線上漸漸露出了魚肚白，黎明馬上就要到來了。商人迫不及待地找了塊平地坐下，攤開行囊，急著想看到底一路上撿起了什麼石頭。

第一塊石頭是光彩熠熠的金剛石，商人歡喜萬分；第二塊石頭則是一塊玲瓏剔透的翡翠，商人笑得快合不攏嘴了。接下去的石頭，不是紅寶石就是藍寶石、綠寶石，眼看自己之前沿途撿起的都是價值連城的寶石，商人忍不住興奮得手舞足蹈起來。

不過，他很快就從極度歡喜中恢復過來，轉而陷入深深的懊悔之中。他懊悔的是：為什麼一路上他總是埋頭走路，卻不是去留心多撿幾塊石頭呢？

在我們還年輕的時候，也許我們只是忙著低頭趕路，也許忙著瀏覽沿途的風景。可是我們不應該忘記，在我們可以健步如飛的時候，也正是可以有力量攜帶更多財寶到終點的時候。「少壯不努力，老大徒傷悲」，既然黑夜的路程終將有終點，風景也終將看完，為什麼我們不把更多的時間用來學習，來拾取更有價值的寶石呢？

## 腿多不一定跑得快

為了慶賀春暖花開，昆蟲們買了很多零食飲料，在郊區一間久無人居住的屋子裡舉行了盛大的聯歡會，牠們載歌載舞，恣意歡唱，盡情宣洩著對春天的美好憧憬和對生命的無限熱愛。

不一會兒，昆蟲們發現帶來的汽水已經全部喝完了，但舞會才進行到一半，必須要有專人出去來買更多的汽水。到底派誰去呢？大家爭得不亦樂乎，最後一致決定讓蜈蚣去買，因為蜈蚣身上長有一百多條腿，大家認為牠應該跑得最快。

盛情難卻下的蜈蚣只能拿著錢出門去購買汽水，但過了好久，舞會快要結束了，蜈蚣還沒有回來。蟑螂生氣的說：「一定是蜈蚣這小子把買汽水的錢私吞了，我這就找牠算帳去！」說完就氣勢洶洶地往外走去。沒想到蟑螂剛打開房門，眼前的景象讓牠目瞪口呆，蜈蚣還在門口給自己的一百多條腳穿鞋子呢！

學習需要各方面的資源配合，並根據各人的特質分別予以應用，才能貫徹學習計畫。有效的學習是精準的朝自己目標前進，一昧死讀書是沒有用的。

## 多吃魚不能讓你成為天才

大作家馬克・吐溫每天都會收到大量的讀者來信，他總是認真地讀完每一封來信，並有選擇性地給予回覆。

有一天，他看到這樣一封信，信中問說：「你的文章寫得真是太棒了，讀來讓人蕩氣回腸，欲罷不能！到底是什麼才讓你有如此出類拔萃的寫作天賦呢？」

馬克・吐溫笑著繼續往下看，讀者追問說：「聽說魚骨裡含有很多對於提升人腦智力極有幫助的元素，能否告訴我，你是吃了多少魚，才擁有現在如此妙筆的才思呢？」

馬克・吐溫馬上給這位讀者回了信，信中寫道：「親愛的朋友，我覺得你最起碼再吞一條鯨魚才可能成為一個天才。」

一條鯨魚可以吃出一個胖子，卻絕對吃不出一個天才。所謂的天才都是靠後天的努力學習才獲得一定成績的，而學習本身，由不得半點浮誇和馬虎，這比任何魚骨裡的益腦元素都重要。

## 第二節：專精比廣泛更能突顯價值

之所以在國小、國中實行共同科目教學，而要等到的高中以上才實行各種專業的高層次劃分，是因為人在年輕時心智尚未成熟，而知識結構也處在架構中，此時的確需要綜合各方面的知識，才能保證認知體系的平衡。

而當人逐漸成熟，有了比較完整的知識結構，此時就應該考慮到在專業領域上有所突破，而不能再滿足做一個樣樣都懂，卻樣樣不精通的半吊子了，否則將被這個分工越來越精細的專業社會所淘汰。

## 試著把一朵花繡完整

晨曦舒緩地灑在湖面上，波光粼粼、碧波萬頃，被美景陶醉的鶴拿起針線想要在自己的白裙子上繡上一朵花。才剛開始繡沒多久，孔雀路過時關切地問道：「鶴妹妹，妳在繡什麼花呢？」

「我在繡桃花呢！粉紅色的桃花配上我白皙的皮膚，是多麼美妙的風景呀。」鶴略帶羞澀的說。

「桃花雖然綺麗，卻十分短命。妳為什麼不繡月月紅呢！月月紅既長命又吉利，和鶴妹妹妳大家閨秀的氣質真是太匹配了！」孔雀勸說。

鶴聽後深以為然，就拆了原來的線，轉而繡月月紅。錦雞路過時在鶴耳邊輕輕說道：「月月紅色彩如此單調，很容易讓人厭倦。不如繡牡丹吧，牡丹是花中之王，雍容華貴又有王者風範。」

於是鶴又拆掉了月月紅的線改為繡牡丹。

畫眉飛過時在鶴頭頂上驚呼：「冰清玉潔的鶴姐姐，妳怎麼可以繡牡丹這麼庸俗的花呢！你喜歡棲水而居，池塘邊出淤泥而不染的荷花才最符合你優雅的氣質呀！妳應該繡荷花才對。」鶴聽後恍然大悟，立即拆掉快要繡完的牡丹花，而改繡荷花。

就這樣，鶴在各種鳥類形色萬千的建議下拆了又繡，繡了又拆，最後什麼花也沒繡成，依然穿著最初的那件沒有任何花紋的白色裙子。

在人的一生中，人所擁有的資源是相對有限的，而夢想則是無限的。與其把有限的資源平均分布到無限的知識領域上，導致每種知識都只能得到少得可憐的資源，還不如集中時間和精力，一鼓作氣達成一個有深度的領域。

## 先學會撒網再捕魚

在樹枝上午睡的猴子看到岸邊漁夫用漁網捕到了很多魚，一條條活蹦亂跳的鮮魚誘得猴子心癢癢的，好想搶一條魚過來填飽自己的肚子。但猴子不會游泳，只能偷偷趴在樹枝上觀察漁夫是怎麼撒網和捕魚的。

漁夫撒網的動作看起來簡單而一致，猴子一會就記得滾瓜爛熟。牠沒有耐心再好好觀察漁夫是怎麼捕魚的了，心裡躍躍欲試就想自己也跳下去撒網捕魚。

漁夫回家休息去了，把漁網留在岸邊，猴子可不會放過這個機會，牠一下子跳到漁網面前，模仿記憶中漁夫的姿勢依樣畫葫蘆往河裡撒網。由於力氣用的實在太大，猴子身體失去了平衡，非但沒有像漁夫那樣成功地撒網，反而把自己也套進了網內，連網帶猴地滾進了河裡。

就像猴子急切著想要吃魚，學習的目的在於學會各種實際生存的本領，學習本身就是一種對現實的摸索，既然這個世界是一個如此脈絡縱橫的複雜系統，我們的學習也應該層層推進，根據實際情況分出輕重緩急，而不能一口就吞成一個胖子。

## 五項全能不如一門專精

鼯鼠一直為自己被歸為鼠類而憤恨不平，牠同時掌握了五種技能：飛翔、游泳、爬樹、挖洞和奔跑。

在動物世界裡，還有誰能如此多才多藝啊？鼯鼠陷入了沈思中。

「老鷹雖然可以振翅飛翔，但牠會在水裡游泳嗎？海豚雖然是游泳冠軍，但牠能夠在平地上奔跑嗎？老虎雖然在林中威風八面，可是牠會爬樹嗎？豹雖然可以矯健地爬樹，可是牠會挖洞嗎？除了我，沒有一個是全能的，看來什麼老虎是百獸之王、老鷹是百鳥之王都是騙人的，牠們不過只是些徒有虛名的騙子罷了，只有五項全能的我才是動物界真正的國王。」鼯鼠越想越自鳴得意。

一天牠正在一塊石頭上對著一群老鼠滔滔不絕地闡述著自己的五項全能，並反覆強調自己才是真正的動物界國王。忽然一陣冷風襲過，老虎笑嘻嘻地問鼯鼠：「小兄弟，你能把剛剛說的話再重覆一遍嗎？」

嚇得魂飛魄散的鼯鼠趕緊一溜煙地爬上了樹，驚醒了休息中的豹，豹三兩下就爬上了樹頂。

鼯鼠縱身一躍，飛翔在了空中，但由於牠的能力有限，只能始終在低空低速滑翔。正在空中覓食的老鷹迅速俯衝過來，眼看就要一把抓住鼯鼠。鼯鼠趕緊掉頭就逃，「撲通」一聲跳進了水池中，老鷹撲騰了幾下翅膀飛走了，大難不死的鼯鼠還沒來得及喘一口氣，一隻水獺向牠張牙舞爪地撲來。鼯鼠趕緊逃上岸去，靠著自己的利爪在地上挖了個洞穴並躲了起來。想不到水獺很快趕來，並用爪子輕而易舉地刨開了鼯鼠藏身的洞穴，一把將顫抖的鼯鼠逮個正著。

在成為水獺的豐盛晚餐前，鼯鼠哀嘆道：「看來與其擁有五項全能，還不如有一門專精的本領啊！」

這是一個講究專業的年代，擁有一門專精的專業技術走到哪都會有人搶著要。隨著社會分工越來越精細，我們每個人都只能做一根螺絲釘而無法擔當所有角色。可以獨當一面的專家，要比什麼都會卻什麼都不精的博學家實用的多。我們在學習技能的時候，也應該有的放矢，抓住重點。

## 學而不厭，誨人不倦

大思想家孔子是一位深諳聲樂理的藝術家，有一次他在齊國聽到韶樂，連聲讚嘆：「三月不知肉味！」

有一次孔子隨魯國樂宮師襄子學鼓琴，曲名是《文王操》。孔子苦練多日，師襄子說：「可以換新曲練了」，孔子說：「我雖然已經掌握了這個曲子的彈法，但是技巧還沒有嫻熟。」

又練了很多日子，師襄子又說：「可以了，你已經把曲子彈得很熟練，可以換一支新曲練練了。」可是孔子仍說：「再讓我多練會吧，我還沒有體會到其中的意境！」又過了相當漫長的時間，師襄子認為真的可以換曲練習了，可是孔子仍然認為自己沒有掌握這首樂曲真正精髓的部分，而繼續反覆的鑽研。

終於有一天，把琴曲內涵完全熟透後，孔子說：「這首曲子內含王者氣勢，底蘊深厚，只有周文王這樣的人才做得出這樣的曲子。」師襄子連忙離席向孔子恭敬地拜道：「這的確是周文王作的《文王操》。」

孔子鍥而不捨的學習精神深深地感動了師襄子，而直到現在，孔子的名言：「學而不厭，誨人不倦」，還仍是鼓勵我們認真學習的座右銘。

「書山有路勤為徑，」學習分為三個層次，認知型學習、理解型學習以及創思型學習。認知型學習只要對知識點達到簡單的記憶即可，理解型學習需要對知識的內在結構有進一步的了解，而創思型學習則要在原來知識的基礎上有一個反應與運用，對創思型學習而言，沒有任何近路可以走。

# 第三節：透過思考，學習才會有所成長

沒有學習的思考是停滯不前的，而沒有思考的學習是盲目虛無的。

學習是為了給思考提供一個不斷前進的旋轉舞臺，增長中的新知識給了思考更多的載體，每一幕的思考，都是如此新鮮而靈動；而思考則是向學習源源不斷地輸入新鮮的思想養分，足夠的思考，保證了學習的方向性和實用性，而從一定程度上制止了脫離現實而學習的形而上學。

學習和思考互為手段，讓你的人生變得更豐富。

## 學習永遠都不嫌遲

新一期的泰語補習班開始招生了，和英語、日語這些熱門外語比起來，前來報名補習泰語的人相對要冷清許多。

一位白髮蒼蒼的老人走近櫃檯，對工作人員說：「請問泰語班還有名額嗎？」工作人員很熱情地答道：「當然還有名額，老先生，你是替你的孫子報名嗎？」

老人搖搖頭說：「不，我是為我自己報名。我兒子娶了個泰國新娘，每天嘰裡呱啦地說著我聽不懂的泰語，溝通起來實在不方便，所以我才想來補習一下。」

「請問你今年高壽？」工作人員小心翼翼地問道。

「六十八歲。」老人答道。

「我們很歡迎你來參加，可是你也許應該明白，泰語學習是一個跨期二年的漫長過程，等你全部學完之後，你已經七十歲了啊！」工作人員好心地勸說道。

「你說的沒錯。可是，即使如果我不報名參加學習，二年後，我也依然七十歲，而不會變成六十六歲。既然這樣，我為什麼不抓緊時間來學呢？」老人恬靜而果斷地答道。

每個人可以自由選擇自己每天不同的生活，可以學習、可以工作，也可以休閒。我們應該把學習看成生活的一部分，像吃飯睡覺一樣，學習是生活不可或缺的一個必要環節。只要當學習本身成為一種需要，而不是一種功利性的手段時，學習才會對提高生活品質產生推動作用。

## 成長中的雄獅才是森林之王

由於頻繁的自然災害威脅到了森林的生存環境，百獸們決定推舉一名森林之王來領導大家抵禦災難。兇狠勇猛、威風八面的獅子自然是當之無愧的森林之王，但一共有三頭獅子，選哪一頭做為大家的領袖呢？大家左右權衡，依然一籌莫展。

大象提議說：「登山象徵著速度和力量，不如讓三頭獅子舉行登山大賽，誰能夠最早登上山頂，我們就奉牠為森林之王。」這個提議得到了大家的一致通過。

百靈鳥一聲令下，三頭雄獅在百獸們的喝采聲中如離弦之箭般向山頂奔去。山路崎嶇而陡直，三頭雄獅分別都被困在了山腰間，不管牠們再多麼努力，山腰是牠們共同能夠抵達的最高點。

既然沒有一頭獅子可以抵達山頂，百獸們正準備重新制定選舉森林之王的標準，在空中飛翔的老鷹說：「我可以說出哪頭獅子更有資格做我們的森林之王。」大家聽聞後全部集中在老鷹面前，想聽聽老鷹有什麼令人信服的理論。

老鷹說：「我剛剛飛到半山腰，想第一時間看看三頭獅子誰能最快登上山頂，雖然牠們困在了山腰，我卻分別聽到牠們與山的對話。」

第一頭獅子說：「山，這次你贏了；」第二頭獅子說：「山，這次你贏了；」第三頭獅子也說「山，這次你贏了。但你的高度永遠不會增長，而我在不斷成長中，總有一天可以登上你的山頂。」

老鷹總結說：「雖然山頂對於獅子來說，的確暫時很難攀登，但很明顯第三頭獅子具有強烈的求勝慾望和自信心，這才是比登山能力更重要的真正王者之氣。」百獸們聽完後，一致推舉第三頭獅子為森林之王，並從此在牠的帶領下把森林治理的井井有條。

「學而不思則罔，思而不學則殆」學習和思考本來就是互為仰仗、不可偏廢的環節。如果把人生比喻成一場登山運動，學習代表著登山者奮發向上的動力，而思考則代表著登山者內心不斷激勵自己、提醒自己的勇氣和毅力。沒有勇氣和毅力在背後支撐，就像沒有思考的學習，都將盲目無助而一事無成。

## 停下來磨磨斧頭吧

順利出師的年輕人成為了一名正式的伐木工，年輕力壯的他從師傅那裡領到了一把鋒利的斧頭。為了給大家留下良好的第一印象，他伐得特別努力。第一天，他砍下了十棵樹，是所有新人當中成績最好的，得到了同事們的讚賞。

第二天他工作的更賣力了，拿斧頭砍著樹。不過收工點數目時，發現今天才砍了九棵樹。

他認為是自己不夠努力的緣故，在第三天砍樹時，他幾乎把吃奶的力氣都用出來了，為了給自己鼓勵，他邊砍樹還邊唱著小調。即使如此，這天他的成績只有八棵樹。

第四天，他總結了經驗教訓，更加的努力，下午三點的時候，快耗盡全身力量的他只砍了五棵樹。一名路過的老人好心勸道：「年輕人，你為什麼不先把斧頭磨得銳利些再砍樹呢？」

年輕人頭也不回，氣喘吁吁地答道：「我正忙著砍樹呢，哪有時間停下來磨斧頭！」

把人生比喻成一場長途跋涉的話，思考則是路邊停下來歇一歇的休息站。跑車如果只是一味狂奔，終將有油枯車廢的那一刻，在你知識的油箱裡還有油時，請不要忘記停下來加油。停下來思考一下，也許反而會比你原來跑的更快。

## 分清馬和驢子

古羅馬皇帝哈德良在賢臣良將的輔佐下，戰場上捷報頻傳，國家也治理得井然有序。不過在論功行賞時，這位威風八面的皇帝可遇到了一個棘手的問題。

有一名久經沙場、戰功顯赫的將軍，毛遂自薦覺得自己應該獲得更高的職位，並反覆強調其已戎馬十餘年，為國家立下了汗馬功勞。皇帝雖然對這位將軍的彪炳戰績非常崇敬，但更對他的實際狀況和能力非常了解，皇帝明白現在的職位已經是這位將軍的能力極限，更高的管理職位實在不適合他。

於是皇帝隨手指了拴在一旁的驢，再指指將軍彪悍健壯的戰馬，微笑著說道：「親愛的將軍，這頭驢已經跟著我們征戰南北，經歷過大大小小三十幾次戰役了，有著豐富的戰爭經驗，但和你的戰馬比起來，牠依然只是一頭驢而已。不管牠再有更多的經驗，牠仍然適合在後方工作，而不能上戰場廝殺。」

學習時最好永遠把自己看做是第一天上學的國小學生，每天清晨都兢兢業業地從頭學起。有時候所謂的經驗非但於事無補，反而會羈絆住你原來的神采飛揚，無法思考學習的正向，太多無關緊要的經驗積累，看似埋頭苦學很辛苦，實際上堵塞住了思緒的出口，效果適得其反。

## 第四節：不恥下問，三人行必有我師

「三人行，必有我師焉。」一大思想家孔老夫子尚且有如此不恥下問的胸襟，何況我們這些凡夫俗子還有很多知識需要學習呢？

知識不只是存在於印刷成冊的課本中，身邊發生的事，旁人的一言一行、一顰一笑、一草一木，都是值得我們學習的人生範本。

知識的多少與地位的高低完全無關，因此無需為了虛無的面子而羞於向職位或地位不如自己的人請教，更不要顧慮到所謂的面子而不敢向別人請教。

## 讓別人分享你的油燈

小約翰是個內向而且善良的孩子，他常常因為擔心會給老師添麻煩而不敢向老師提問，這樣造成了他常常沒有辦法完全弄懂老師在課堂上的講解，導致考試成績下降。

有一次小約翰又考砸了，而且失分主要是在老師曾強調過的重點部分，老師關心地問小約翰：「孩子，你是不是上課時沒有完全聽懂呢？」小約翰抿著嘴角，點了點頭。

「你可以來問老師啊，老師一定會給你解答的呀！」老師說道。「可是我擔心老師你已經在課堂上說得很詳細了，我還要在課餘時間讓你再講一遍，這樣會給老師帶來麻煩。」小約翰充滿內疚地答道。

這次老師沒有直接應答，而是讓小約翰去點亮一盞油燈，小約翰照做了。「現在請你再去拿另外幾盞油燈來，不過不要用火柴點，而是用你剛剛點亮的油燈點。」

小約翰照著老師的話，用第一盞油燈做為火種，點亮了其他好幾盞油燈，屋子裡一下子變得明亮無比。「孩子你看，你拿第一盞油燈點亮其他油燈，第一盞油燈有沒有變得昏暗了些呢？」「其他油燈點亮的時候，第一盞油燈的光線沒有損失。」

「這就對了。孩子，在我向你分享知識的時候，我的知識並沒有損失，還會感到分享的快樂和滿足，所以請記得，以後歡迎你隨時來向我詢問問題的解答。」老師微笑著答道。

分享你擁有的知識就如同分享你的快樂，快樂會在別人心裡複製出相同的很多份，而你自己的快樂本身並不會減少。因而我們在分享別人知識的時候，也不必擔心會影響別人的知識或快樂，對擁有知識的人而言，分享他的知識等於給予他快樂，對於需要知識的人而言，既可以得到知識又可以給對方快樂，實在是兩全其美的一件事。

## 把自己的圓畫大

在一次演講現場，有人公開向大名鼎鼎的哲學家柏拉圖質問說：「聽說你的知識十分淵博，那麼為什麼還對自己的很多見解有不確定的看法呢？這是不是說明你根本就是徒有虛名，完全沒有真才實學？」

柏拉圖並沒有正面回答，而是拿起樹枝在沙地上分別畫了一個小圓和一個大圓，抬起頭問那個質問他的人：「你覺得哪個圓大一些？」那人迷惑不解地答道：「那還用說，當然是右邊那個大的圓。」

「你說的很對。」柏拉圖拿起樹枝分別指向兩個圓的內部，笑著說：「兩個圓的內部分別象徵著我不同階段掌握的知識多少，而圓外部的空間則象徵著我還沒有掌握的知識。圓越大，則它接觸的外部空間越大。同樣，如果我掌握的知識越多，則會發現自己不懂的地方越多，這就是我常常懷疑自己的原因。

這個世界是多麼的浩瀚，知識這種東西又是多麼的廣大深博。我們之所以常常認為自己已經洞悉許多領域了，只是因為自己懂得的還太少，這太少的知識不足以讓我們看清自己的不足。而當我們透過學習逐漸成長，我們會漸漸有能力發現更多的迷惑、更多不曾明瞭的知識。對知識的探究，永無止境。

## 第五節：因地制宜，學以致用

學習是為了認知人生、完善自我，學習本身不是目的，因而，如果沒有明確的應用目的，再努力的學習也是盲目而無謂的。

如果把學習當作戀愛，不管是轟轟烈烈、纏綿悱惻的戀愛，還是平淡如水、波瀾不驚的戀愛，最終都將走向它唯一的目的—婚姻。不以婚姻為目的的戀愛是虛無的，不以應用為目的的學習也是無意義的。

因而我們在學習前，都應該想清楚，到底為何而學，否則耗盡無謂的勞力、腦力和學費，還不如換一場酣暢淋漓的人生來得實惠。

## 買好田再吵吧

一個鄉下人靠二畝田微薄度日，但他總是喜歡憧憬美好的未來，有一天他躺在田野裡自言自語說：「我以後要買一百畝田，種滿各種我喜歡的蔬菜，然後拿到菜市場上去賣，換來很多錢，我就可以成為大財主了。」

路過的鄰居心生嘲諷，他走上前去對鄉下人說：「如果你有一百畝田，我就養一萬隻鴨子，來吃光你所有的莊稼。」

鄉下人一下子從田裡跳了起來，兩人為了這些不著邊際的事居然激烈地爭吵了起來。為了說個清楚，兩人面紅耳赤的想要到官府請求公斷。他們扭打著來到一座紅瓦高牆的書院門前，從來沒有見過衙門長什麼樣的他們以為這就是衙門，便走了進去。看到書生正在大堂踱步，又誤認為他是高高在上的官老爺，便跪倒在地上請求書生為此事公斷。

書生背著手，爽朗地笑說：「你們兩個人，等一個先去買了一百畝田，一個先去買了一萬隻鴨子，我也已經當了官之後，再請我來處理你們這場官司吧。」

誇口是談不出輝煌成績來的，紙上談兵也談不出一片錦繡江山，但幻想卻可以給某些人帶來空想的快樂。當學習的目的不在於現實生活中的應用，而成為一種炫耀的資本，那麼這個資本哪怕再龐大，也買不到任何實質的東西。

## 學做雞尾酒

在一個以弘揚酒文化為主題的盛大宴會上，聚集了來自中國、俄羅斯、法國、義大利、德國以及美國的釀酒大師們。為了在這次業內規模最大的酒文化大會取得佳績，各國菁英都不遠千里帶來了最醇正的名酒，以期一舉奪魁。

首先出場的是中國大師。他帶來了香味醇厚、越久彌香的茅台酒，才打開酒瓶，香氣就從瓶口溢出，很快就彌漫了整個房間。

接著出場的是俄羅斯大師。他給每個人倒了一杯熱辣似火、使人充滿力量的伏特加，飲者頓感熱情洋溢、活力四射。

法國大師帶來的是充滿風情的香檳，宴會現場又彷彿來到了浪漫的賽納河畔。

義大利大師和德國大師帶來的分別是原汁原味的葡萄酒和威士忌，現場又洋溢著雍容華貴和嚴謹理性。

最後一個輪到美國人出場了。大家都拭目以待，看看美國這個才只有二百多年歷史的國家，人文歷史和其他國家相比幾乎一片空白，拿什麼酒來代表自己的文化。只見美國人拿著一只空杯，不慌不忙地把各個國家的酒倒一小部分在自己的杯子裡，微笑著對大家說：「這就是雞尾酒，代表著美利堅的文化。」

**學習是為了把知識運用到現實生活中去，而現實中的狀況又在不斷地變化，因而我們學習知識除了認真踏實以外，並沒有什麼固定的模式可以套用。否則的話，我們將永遠只會釀別人已經釀得很好的酒。**

## 騎牛又何妨

農夫約翰到城裡的五金店採購貨物，熱情的店員不厭其煩地向約翰推薦最新款的腳踏車。

「騎著這輛車進城，一定會有很多羨慕你的眼光。你要的話，我可以挑一輛最好的給你。」店員開始循循善誘。

「貴店的新型腳踏車的確很時尚優質，但對我用處卻不大。如果我有這筆買腳踏車的錢，還不如添置一頭乳牛。」約翰禮貌地答道。

「你可真是不改農民本色啊，雖然乳牛可以用來擠奶，但難道你不覺得以後騎著乳牛進城是一件很好笑的事嗎？」不甘心的營業員揶揄道。

「親愛的朋友，你覺得騎著乳牛進城，和拿腳踏車擠奶，哪個好笑呢？」約翰不動聲色地回應道。

人類的大腦只是一葉扁舟而已，我們不可能駕著知識的小船，走遍大海的每一個角落。成功的寶島在哪一個方向，我們就對準那個方向努力行駛，對準方向的行駛才是行之有效的學習。而駕著小船想到處去，就像囫圇吞棗的學習，最終將一無所獲。

## 前進比原地打轉重要

在一場長途跋涉的旅途中，劇烈的顛頗將一個金色的陀螺抖落到泥濘不堪的路面上。陀螺拍了拍金色華貴外衣上的塵土，踮起腳尖問眼前的黑色車輪：「嗨，那個黑不溜啾的傢夥，你有什麼特長嗎？」「旋轉」，車輪斬釘截鐵地回答道，「不過我知道，漂亮的小弟弟，你的特長也是旋轉，是嗎？」

陀螺聽見有人誇獎自己，喜不自禁地答道：「是呀，我旋轉的本事舉世無雙。我每分鐘可以旋轉幾千次，一個小時下來，我旋轉的次數比天上的繁星加起來還要多得多。」「看你個子那麼大，你一分鐘能轉多少圈啊？」陀螺繼續以不屑的眼神追問車輪。「我呀，一分鐘不過只能旋轉幾百次，一小時最多也只能旋轉二萬多次而已。」車輪謙虛地答道。

「你的本領和我差太遠了，雖然我們的特長都是旋轉，但明顯我們不是一個級別的。」陀螺顯得越發的目中無人。「誰強誰弱，不能只看表面，要看實質。」車輪答道。

「哦，你倒說說看實質是什麼？」陀螺邊旋轉絢麗的舞步，邊充滿著藐視。「就旋轉的速度而言，你是我的幾十倍，我的確和你沒法比。但從實質來看，我每旋轉一次，車子就前進一步。我不停地旋轉，就在不停地前進。而你不管旋轉得如何風馳電掣，卻始終停留在原地。」

學習的方法不同，學習分為量的增長和質的提升。沿著正確的學習方向，並累積大量知識量的增長，那麼不管知識增長的速度怎樣，學習者本身的知識體系和認知境界也在水漲船高的提升。反過來，如果只是一味注重知識量的增多，那麼學習者將永遠只能停留在原來的高度看問題。

# 第二章：決定自己的價值

請在浮世中為心靈保留一絲靜謐。

這個世界風雲善變，紛紛擾擾，沒有誰可以在喧囂中獨善其身。但我們可以做的是，儘量為自己的內心營造一座與世俗無爭的高閣。不管外面烈日炎炎、流光溢彩，還是風沙滿面、魑魅魍魎，心靈的高閣都可以把一切雜念和噪音拒之門外，當別人都在染缸裡變色而平庸時，你卻因為心靈的寧靜而始終笑傲一切，那麼不管你是否獲得了事業的成功，至少，你始終保留著自己。

# 第一節：不以物喜，不以己悲

人最高貴的品質就在於始終保留一顆平靜如水的內心，錢財、權勢和虛榮都是生不帶來、死不帶去的身外之物。所有的得到或失去，都是外在環境在內心周遭激起的漣漪，不管有沒有這些漣漪，你還是你自己，內心還是自我的存在。

你不為任何其他人存在，任何其他人也不為你而存在，他們最多只能成為你鞭策和勉勵自己的坐標，而沒有這些坐標，你還是完整的自己。

## 學會控制心情的釘子

有一個脾氣非常暴戾的男孩，常常控制不了自己的情緒，動輒就會和人爭執打架。雖然男孩事後都會對自己的魯莽行為後悔不已，但遇到類似情況總是會故態復萌。

有一天，父親把男孩帶到家中倉庫的一面牆前，並給他一袋釘子。父親告訴男孩，每當他發脾氣想和人吵架的時候，就往牆上釘一根釘子。男孩照做了，第一天，他一共在牆上釘上了四十二根釘子；第二天，他一共釘了三十七根釘子；而到第三天，他只在牆上釘上了三十一根釘子。男孩漸漸發現，和用大力氣把釘子釘入牆面相比，控制自己的情緒要簡單得多。

有一天，男孩驚奇的發現這天他不用再往牆上釘任何一根釘子，他歡喜的把這個好消息告訴了父親。父親撫摸著男孩的頭說：「從今天開始，你哪天不用釘釘子，就從牆上拔掉一根釘子。」時光一天天地在流逝，終於有一天，已經完全控制住自己情緒的男孩拔光了牆上所有的釘子。

在被釘子釘得千瘡百孔、鏽跡斑斑的牆前，父親指著幾百根釘子留下來的牆洞，語重心長地對男孩說：「孩子，請你記得，即使有一天你拔光了所有釘在牆上的釘子，但釘子給牆壁帶來的傷害將永遠存在。」

人最難征服的敵人不是別人，而是自己的內心。因為自己的內心除了受理智控制外，更受著貪婪、自私、懦弱等各種人性陰暗面的操縱。人要戰勝這些人性陰暗面，才能夠戰勝自己。一個可以戰勝內心情緒的人，將會在人生考場上戰無不勝。

## 心中的蘭花依然盛開

從前有一位禪師，很喜歡蘭花，並在平時弘經講法之餘，在禪房內外精心培育了很多蘭花。有一次禪師要到遠方的寺院裡去弘法，臨行時告知弟子養護蘭花的訣竅，並再三叮囑弟子要好好照料蘭花。

弟子將禪師叮囑的護花要訣記在了本子上，每天很認真地照料蘭花。但有一天弟子在澆水時一不小心絆倒了蘭花架，蘭花盆被砸得粉碎，原本純潔高雅、吐露芬芳的蘭花變成了一堆爛土中的幾片花瓣。弟子嚇得面如土色，連忙打掃乾淨，準備等禪師回來接受嚴厲的懲罰。

幾天後禪師回來了，看到了散落了一地的蘭花瓣和弟子驚恐而愧疚的眼神，心中明白了原委。

他召集眾弟子，和顏悅色的對大家說：「我種蘭花不只是因為我喜歡蘭花，而是因為一來可以供佛；二來可以美化寺院裡的環境，給大家每天的修行帶來好心情。我不是為了生氣而種蘭花的，如果蘭花沒有了，而大家的好心情還在，那心中的蘭花也依然盛開。」

蘭花存在的意義並不在於它本身，而在於它能夠製造快樂的價值。我們的生活中也養著各種各樣的蘭花，蘭花本身並不是目的，而在於養蘭花的過程中，我們充滿了快樂。當蘭花失去之後，快樂依然存在。只有在蘭花存在和失去的兩個時間段，都能找到相對的快樂，我們的人生才會幸福。

## 只是二美元而已

哈諾丁是一個沒有在正常工作的年輕人，不過他自己並不怎麼著急。在他看來，現在無憂無慮、自由自在的生活沒什麼不好。他唯一的愛好就是每天買一張二美元的彩卷，雖然總是什麼獎也沒有中到，可是他依然快樂的過著每一天。

有一天好運忽然降臨到他頭上，他買的彩卷居然中了特獎，獎勵是一棟價值五百萬美元的別墅，另外還贈送了諸如阿富汗地毯、羅馬傢俱以及景德鎮瓷器此類的名貴飾品。朋友們都來向哈諾丁祝賀並流露出羨慕的眼光，但哈諾丁只是淡淡地說：「沒什麼好開心的，不過就是二美元買來的東西而已。」

一個陽光明媚的午後，哈諾丁喝完咖啡後，愜意地抽著雪茄煙，在別墅豪華客廳的沙發慵懶地睡著。不知不覺中，煙蒂掉在了名貴的阿富汗地毯上，星星之火迅速燎原。等哈諾丁驚醒逃脫後，五百萬美元的豪華別墅和阿富汗地毯、羅馬傢俱以及景德鎮瓷器，已在熊熊烈火中化為灰燼。

朋友們再次聚集在阿諾丁面前，七嘴八舌地安慰阿諾丁不要為失去這麼多財產而難過，阿諾丁依然只是淡淡地說：「沒什麼好難過的，燒掉的只是二美元而已。」

財富是什麼？如果我們把財富當作自己的主人，那麼和財富在一起時，我們就會受寵若驚。失去財富時，我們就會哭哭啼啼。而如果把自己當作財富的主人，那麼不管擁有還是失去財富，我們都能保持平和的心態。得到和失去之間，其實我們的快樂並沒有改變。

## 猴子賣掉自己

猴子的第一個主人是個武士。武士喜歡拿一面鼓來訓練猴子，鼓聲響起時猴子必須要翻觔斗，鼓聲停了猴子也要停下。如果要個性不聽號令，主人的鞭子就會火辣辣地抽在猴子的身上，直到牠遍體鱗傷、不敢倔強為止。久而久之，隨著鼓聲的節奏翻筋斗就成為了猴子全部的生活。

後來武士把猴子賣給了新主人。新主人喜歡拿鼓和鑼配合起來訓練猴子，鑼響時猴子必須翻觔斗，鼓響時則停下來。習慣了鼓響翻筋斗的猴子一下子很難習慣新的規則，新主人對牠不打不罵，只是拿餓肚子當作懲罰。猴子經常被餓得兩眼發青，渾身無力。

有一次，半夜裡餓醒的猴子在角落裡偷偷哭泣。一群彪悍的野猴聞聲而來，牠們齊心合力，咬斷了繫在猴子身上的繩索，獲得自由的猴子和野猴們一起歡呼雀躍地跳進了山裡。

可是不多久，猴子便愁眉苦臉地嚷道：「這過的是什麼日子啊，以前主人給我溫暖的衣服穿，還有美味的食物，現在什麼都沒有了！」「那你也挨打挨餓啊！」野猴們好心勸道。「那是因為我表現不好，表現好了自然會有好日子過，這種衣食無憂的好日子你們做夢也無法想像！」猴子不屑地答道。

第二天，可憐的猴子出現在人來人往的集市裡，頭上插著一根草棒，為了衣食無憂的生活，牠要再次把自己賣掉。

人們之所以會有這山看著那山高的感覺，是因為總是習慣拿現在所處環境的劣勢和其他環境的優勢相比。對目前環境的任何一點不足都會被無限放大，並和同樣被無限放大的其他環境的優勢做毫無意義的對比。目前環境的優勢和其他環境的劣勢卻被故意視而不見。如果把目前環境的優勢和其他環境的劣勢做對比，那麼你的人生將會快樂很多。

## 第二節：珍惜幸福，情義無價

人生的目的到底是什麼？如果是成功，那麼我們是否可以為了成功而不惜任何代價？如果成功是唯一的目的，那麼幸福又是什麼？為什麼那麼多高高在上的成功者，依然存在著那麼多的煩惱和困惑？難道真的是高處不勝寒嗎？

成功和幸福就好像我們的方向盤與輪胎，缺一不可，它們合作無間，有著共同的默契，承載著我們的人生不斷向前邁進。大多數時候，兩者的方向都是相同的，但當兩者發生衝突的時候，為了保證繼續前進，也為了品嘗人生的真諦，請把你決定方向的權利交給那叫幸福的方向盤。

## 買來的文憑不能幫你游泳

雞和鴨為了食物吵了起來，鴨狠狠用翅膀拍了雞一下，然後一下子游到了河中央。雞不會游泳，只能眼睜睜地看著仇人在水中齜牙咧嘴向自己示威。

「我一定要學會游泳，」雞暗自下定決心。牠向到處兜售假學歷的狐狸買了一張「游泳大學畢業」的假證書，證書仿製的惟妙惟肖，一般人還真看不出什麼區別。

雞拿著「學歷證書」興沖沖的來到了百鳥之王鳳凰面前，拿著證書給鳳凰看，並要求鳳凰給予雞「游泳健將」的稱號。鳳凰看了看雞拿來的「游泳大學畢業證書」，搖搖頭說：「你的特長是下蛋而不是游泳，我不能給你任何游泳健將的稱號，因為你這張證書毫無用處。」

「你說得並不確實！證書怎麼會毫無用處？它可花了我賣了多少蛋才存起來的零用錢，我一年的伙食費全部用來買了這張證書，它怎麼可能毫無用處呢？」雞咆哮了起來。鳳凰冷靜地答道：「事情就是這樣的，金錢買不到的東西，一旦你用金錢買到了，也就失去了它原來的價值。」

雞的幸福存在於下蛋的喜悅，而河水屬於鴨的領域。雞和鴨本來各自有自己的範圍，互不相干，一旦起了摩擦，其實並沒有改變雙方本身的幸福來源。和對手的爭執有時候也是一樣，大家都有彼此的優缺點，不是非要拿著自己的弱點開刀，硬要讓其一定強過對方的優點才是真正的成功。真正的成功其實就在於你內心幸福的感覺，當兩者不能兼得的時候，忘了成功吧，幸福才是你人生最重要的。

## 留一點時間給你的家人

三十五歲的傑弗遜是一位成功的經理人，他在全美以及世界各地都擁有大量的業務。為了使自己的商業帝國越來越龐大，他日以繼夜的辛勤工作，哪怕一分鐘的休閒時間對他都是極其奢侈的浪費，更不要說抽時間來陪伴家人了。

妻子讓他多陪自己一下，他總是以：「要知道，陪妳逛半小時街，我可以做成幾百萬美元的生意」這樣的藉口予以拒絕；兒子要爸爸和自己玩遊戲，他總是拿出最新款的玩具來逗兒子開心，然後就趕去和客戶談判，讓兒子一個人玩；他總是每天很晚回家，到家時，妻子和兒子早已進入夢鄉。

早晨妻子送兒子上學時他卻還沒起床，兒子總和迷迷糊糊中的父親說再見；妻子是他讀書時期青梅竹馬的戀人，但現在他們兩人共同的世界越來越小，傑弗遜把大部分的時間都投入到他的事業中去。為了表達對妻子的愧疚，他買了很多名貴的珠寶首飾給她，但妻子把那些華麗雍容的石頭掛在自己脖子上的時候，心中卻充滿了說不出的落寞和孤獨。直到有一天，妻子向傑弗遜提出了離婚。

「親愛的，妳難道不知道我有多愛妳，而且兒子也需要我們。」傑弗遜竭力想挽救這段婚姻。「珠寶不能代表愛情，這不是當初我嫁給你的理由。任何人都比你有資格當一個父親，你一年當中，究竟有幾天屬於我和兒子？」妻子哀傷而堅決地說著。

我們每天忙碌在追尋著什麼？金錢？權勢還是榮耀？我們有沒有看到哪怕是在最繁華的街市，有出售幸福的百貨商場，而支付的貨幣可以是你的金錢、權勢或是榮耀？既然幸福是物質買不到的，我們是否不應該把對物質的追尋，當做是人生路途中唯一的追逐呢？

## 只要把廟宇擦拭明亮即可

縣太爺新官上任三把火，第一把火就是重新修繕縣城中兩座比鄰的寺廟。為了教化民心並以示公正，縣太爺在城門貼出公開招標的告示，經過層層篩選，最後從眾多競爭者中選定兩組人馬：一組是工匠，一組是和尚。

縣太爺宣布了修建須知：「工匠和和尚各自負責修繕一座寺廟，所有的建築材料都由縣衙提供。請兩組人員在最短的時間內完工，官方將對修繕成績進行評比，並給予優勝者高額獎勵。」

縣太爺話還沒說完，工匠們就迫不及待地申請了大量工具和各種五顏六色的油漆彩筆，並動員全體工匠開足馬力、廢寢忘食地對廟宇進行整修和粉刷，整座廟宇很快恢復了雕龍畫棟、飛簷走壁的雄偉面貌；而另一方的和尚們只不過申請了水桶、抹布和肥皂這幾樣簡單道具而已，他們的行動更是樸實無華，僅是把廟宇從內到外完整擦拭了一遍。

比賽結束時，夕陽的晚輝把工匠寺廟上的金碧輝煌，完美的投射到和尚清理的寺廟上。和工匠寺廟五顏六色的眼花繚亂相比，和尚寺廟柔和高雅而不張揚，自然簡單而不做作，把佛教內斂的莊嚴肅穆體現的淋漓盡致。最後縣太爺宣布，和尚組擊敗工匠組，獲得了勝利。

其實任何事都有兩種做法，注重表面功夫的與注重實際內涵的。乍看起來誰都會講表面功夫是虛無的面具，重要的是內在的本質。但當我們設身處地置身在特定的環境內，有時候也會情不自禁的去做一些表面功夫。不能一概而論地講，所有的表面功夫一定是不好的，但對於明顯應該需要以情打動的狀況，一份不加修飾、清水芙蓉般的純樸，比任何的表面文章更能直接觸及人的心靈。

## 從來沒有追求過幸福

在一場年輕人居多的聯誼會上，司儀問道：「請問有誰認為自己是今天與會最年長的夫人？」「我想應該是我！」一名老婦人微笑著站了起來。

司儀望著眼前這位鶴髮童顏、精神矍鑠的老婦人，非常驚奇地說：「妳看上去是如此的年輕，怎麼會是最年長呢？」「我今年已經九十二歲了。」老婦人回答的很果斷。

「可是你看上去是如此的鶴髮童顏，快樂無比。」司儀簡直不敢相信自己的眼睛。「令人羨慕而尊敬的老奶奶，妳可以給我們年輕人指點一下追求幸福的訣竅嗎？」

「在我年輕時，我從未追求過什麼幸福。孩子，我只是一路上隨遇而安，而且走累了也不勉強自己，而是讓自己找個地方坐下來歇歇，讓幸福來追求我。」老婦人臉上露出了平靜而祥和的微笑。

即使幸福可以主動追求到，那麼在你追到幸福時，已經為它累得氣喘吁吁了，又有多少實際的幸福可言？幸福就像一個矜持而純真的小女孩，不要強求自己為了幸福而刻意的付出什麼，平平淡淡地看待生活，保持一顆平常心，幸福自然而然會輕盈的來到你身邊。

# 第三節：忠於所愛

很多人能力出眾，卻常常一事無成，難道是命運對他們不公嗎？

其實仔細分析一下，並不能說命運不公，命運只是個美麗、善良而驕傲的小女孩。如果你自始自終、一如既往並專一對她，她也絕對會一樣忠貞不渝的對你。而當你三心兩意、心猿意馬的對她，她也只能驕傲和你說再見。

人生貴在知足，且不要認為自己可以大小通吃，否則的話遲早會一無所獲。

## 忘記心中的猴子

村裡來了一位鶴髮童顏的老人，他在村前點燃了一堆篝火，又拿著一根樹枝在碗裡不停攪拌，一會兒碗裡居然掉出幾塊光采熠熠的金幣。驚嘆不已的村民們紛紛向老人請教煉金術的奧妙。

老人說，他手中的樹枝就是點金棒，只要拿著它在碗裡攪拌，自然會有金幣不停的湧現，唯一的條件就是，攪拌時心中切忌想起樹上的猴子，否則將一無所獲。

村民接過這根神奇的點金棒，興奮異常地開始在碗裡不停攪拌。他邊攪拌邊自言自語，千萬不可以想樹上的猴子，千萬不可以想樹上的猴子。但他越是在心裡嘮叨著不能想猴子，猴子在樹上縱橫跳躍的模樣卻總是揮之不去，這樣一來不管他煉了多少時間的金，依然一塊金幣也沒從碗裡掉出來。

心灰意冷的他把「點金棒」和碗交給了另一個村民，重覆強調了煉金時千萬不能想樹上的猴子，而第二位煉金者也因為心中始終揮不去猴子的影象而煉金失敗。當全村人全部試過之後，沒有一個人能夠煉金成功，因為他們想要刻意忘掉的猴子，總會不經意地從心裡跳出來。

心猿意馬的人總是一事無成，他們失敗的原因並不在於力量不夠，而在於沒有辦法駕馭自己心中的雜念和不羈的慾望，心魔在體內膨脹、周轉並且自相殘殺，因而抵消了自己原本足以達成目標的力量。有時候真正的放下雜念無需刻意，如果刻意忘記，那說明根本忘不了，還不如坦然面對。

## 專心的貓才能捉到老鼠

年輕的講師久不得志，鬱鬱寡歡；因為前幾天，他精心準備的幾場演說全部以慘敗收場，快要被接二連三失敗擊潰的他心灰意冷地來到教授面前尋求出路。

教授只給了他一句話：「貓在捉老鼠時，腦子裡所有的念頭就只有老鼠而已，如果閃過和老鼠無關的念頭，牠一定捉不到老鼠。」

年輕的講師大受啟發，在下一次演講時，他忘記了一切和演講主題無關的雜念，也摒棄了萬一演講時被嘲笑該怎麼辦這類的顧慮，而把所有的注意力全部投入到演講本身上去。一身輕鬆的他在演講台上神情自若，妙語如珠，將內容透過自然、流暢而有內涵的演講用最具感染力的方式表達了出來。等到台下響起了雷鳴般的掌聲，還沈浸在忘情演說的他才發現原來自己已經演講結束。這是他人生的第一場成功演講。

這位懂得做任何事都要心無旁騖、專心致志的年輕講師，就是後來聞名世界的行銷大師、著名企業家、演講家—戴爾．卡耐基。

貓在捉老鼠的時候可沒空想著自己，否則的話，老鼠早就逃走了。我們做任何事又何嘗不是如此，常常因為吃著碗裡想著鍋裡的，導致最後什麼也沒吃飽。如果真的有野心吃得更多的話，不妨先一口氣吃完碗裡的，再去盛鍋裡的，也要比吃碗裡時浪費時間想著鍋裡的，更不失為一個聰明的做法。

# 第四節：面對誘惑，潔身自愛

決定一個人價值的因素，除了他本身具備的專業能力外，更重要的是他為人能抵禦誘惑、潔身自愛的內在品質。

一個難以抵制外界誘惑的人，處處受到不確定的因素影響，動輒改變原有的方向，很難將自己真實能力全部發揮出來。而一個定力強，足以抵禦外界誘惑的人，即使他專業能力不是最優秀的，但由於他面對任何情況都可以保持冷靜，從而保證了一個基本穩定的方向和速度；整體來講，綜合表現明顯要比前者強得多。

## 不為誘惑所動的獵犬

警察局要添置一隻警犬，採購警員在一條價值十萬元的獵犬和另一條價值一百萬元的獵犬之間猶豫不決，他問老闆：「這兩條價格相差十倍，是不是因為牠們捕取獵物的能力方面有很大差距呢？」

「不，牠們捕取獵物的能力幾乎一模一樣。」老闆答道。接著他當著警員的面把一袋搜尋物品藏在了一個隱蔽的角落，然後把兩條獵犬放開。兩條獵犬同時循味而去，而且幾乎是同時找到了藏搜尋物品的地方。

警員大為不解，「既然捕獵能力完全一樣，為什麼價格相差十倍？」

老闆又把海洛因放在了三百公尺外的地方。同樣再把這兩條獵犬放開。起初價值十萬元的獵犬和價值一百萬元的獵犬幾乎沿著同樣的方向、以同樣的速度向正確的往目的地跑去，但差別在途中老闆安排一條母狗出現。價值十萬元的獵犬開始煩躁不安，逐漸放慢了自己前進的腳步，最後朝著母狗的方向跑去；而價值一百萬元的獵犬則絲毫不為所動，依然以原來的速度朝著藏搜尋物品的地方跑去。

「這就是牠們價格相差十倍的原因。」於是警員恍然大悟。

誘惑就像一朵美麗的罌粟花，始終在你面前洋溢著迷人的芬芳，並不斷提醒你，立即擁有它，你將會多麼的快樂。而當你成為誘惑的俘虜時，你賴以驕傲的專業能力也立即繳械而不再有任何戰鬥力。因而衡量一個人的價值，不僅在於他的能力，更在於他不為誘惑所動的自制力。

## 把珠寶扔到大海裡去

父子倆帶著一箱珍貴的珠寶坐船到鄰近的港口做生意，交易成功之後，父子倆將獲利頗豐。由於避免意外發生，他們在上船時沒有和任何其他人透露過半點有關珠寶的消息。但不幸的是，水手們似乎還是發現了珠寶的秘密，並正準備殺害父子倆將珠寶佔為己有。

聞知噩耗即將降臨的父子倆在房裡展開了激烈的爭吵。「我和他們拚了！」年少氣盛的兒子瞪大著眼睛說。「他們人多勢眾，又有槍，會輕易把我們制服。」父親冷靜的應道。「那乾脆把珠寶送給他們吧！」一聽說對方有槍，兒子馬上拉下了臉。

「也不行，他們會把我們滅口，並毀屍滅跡。」父親想了想後說。「難道我們真的已經是死路一條了嗎？」兒子快完全心灰意冷了。「當然不是，我們還是有機會的。」似乎想到好主意的父親附在兒子耳邊輕聲說了幾句。

一會，父親一腳踢開了房門，拎著沈重的珠寶箱氣沖沖跑上了甲板，邊跑邊很生氣地罵道：「你這個不孝的兒子，我情願把珠寶扔到大海裡去也不會讓你繼承！」兒子馬上跟了上去，伸手想要從父親手中奪過珠寶箱。還沒有等甲板上的水手反應過來，父親已經把裝有鉅額財富的箱子扔進了大海。

箱子是如此的沈重和厚實，等水手們跳下水去想要把它打撈上來，「咕咚」一下，箱子早已沈入海底。既然珠寶箱已經不復存在，沮喪的水手們也不再有興趣殺害父子倆了。

誘惑固然重要，又怎麼比得上生命的可貴，因而當財富和生命發生衝突的時候，請扔掉財富吧！財富只不過是你人生旅途中揹著的一個行囊，只要你還在不斷前進，隨時都可以從兩手空空開始白手起家，而因為一個行囊而使生命劃上句點，實在有點得不償失！

## 走路比騎馬重要

古時候有一個人很羨慕別人騎馬，在他看來，騎馬是一件多麼威風、多麼有面子的事啊，而用兩條腿走路又是一件多麼平凡無趣而沒面子的事。他連做夢都在想著騎馬，每當別人騎馬從身邊經過，他總會望著馬遠去的背影癡癡地發呆。

有一天他在夢中遇見了上帝，便急切地向上帝乞求讓自己也能騎馬。上帝說：「讓你騎馬可以，但代價是你的兩條腿。從此你只能騎馬，而不能走路。你願意嗎？」「我願意為了騎馬放棄兩條腿！」一心只想騎馬的他一口答應了下來。

清晨醒來後，他發現自己果然騎在一匹威風凜凜的白馬上，同時他也失去了兩條腿。不過他沈浸在騎著馬風馳電掣的快樂中，完全忘記了沒有雙腿的事。

他揮舞著鞭子，駿馬載著他向前飛奔，身邊的景色都被迅速地拋在了腦後，藍天白雲下，他感覺自己好像飛了起來。而沿途不斷收集到別人的羨慕眼光，更讓他飄飄然。但人總不能在馬背上生活一輩子，當他想歇息的時候，發現沒有雙腿，根本就沒有辦法正常下馬，只能靠別人揹著進屋子休息。不但如此，平時生活起居，失去雙腿的他幾乎寸步難行，也都要靠別人的幫助。當然，如果休息好恢復精力的他想要再上馬過一下癮，也少不了別人幫忙把他攙扶上馬，他根本沒法靠自己做任何自己想做的事。

為了騎馬失去了雙腿，此時他才明白因為不懂得腳踏實地，自己面臨一個什麼樣的困境。

**人生路畢竟還是需要靠你自己雙腿走出來，沒有什麼聖物可以載著你走完全程。浮誇只可以給你暫時麻木的愉悅，而同時在吞噬你腳踏實地的生存能力，因而，請在那些宣稱可以給你帶來極大好處的誘惑面前保持清醒，天下沒有白吃的午餐。**

## 赫拉克斯的選擇

赫拉克斯是萬神之父宙斯的兒子，在他年輕時，他曾遇見兩位可以影響他一生的女神：惡德女神和美德女神。惡德女神在赫拉克斯身旁搔首弄姿，並用撩人的聲音說：「跟我走吧，我會給你享不盡的榮華富貴、功名利祿，不管你要什麼，只要你跟著我，我都可以完全滿足你！」美德女神只是在赫拉克斯耳邊淡淡地說：「我不能給你任何財富、名譽和權勢，你跟我走的話，我只能教會你在困境中勇往直前的毅力，你將在不斷披荊斬棘的磨難中變得堅強無比！」

左右為難之際，赫拉克斯最後還是選擇跟從了美德女神。在未來的歲月裡，赫拉克斯跟著美德女神出生入死、嫉惡如仇，在和無數魔鬼猛獸交戰的過程中變得剛強無比，為人類文明做出了卓越的貢獻，成為了希臘生活中最了不起的英雄。因為如此，他娶到青春女神，成為青春女神萬人羡慕的丈夫！

如果，當初赫拉克斯選擇了惡德女神，結局將會怎樣？

在我們還沒有完全成熟時，也同樣面臨著惡德女神和美德女神的選擇。惡德女神嫵媚誘人，像熟透的桃子那樣鮮嫩可口；而美德女神則義正辭嚴，像對岸的果樹那樣無法觸手可及。誘惑的壞處就在於讓你沉湎於熟透桃子的美味中，而喪失了游向對岸，自己摘取桃子的生存能力。

# 第五節：親人所繫，常在我心

愛是你和家人、愛人以及朋友之間通用的貨幣，你可以用愛，來購買足夠的信任、關懷和依賴。當你買不到你想要的信任、關懷和依賴時，請仔細想一想，自己是否已經為他們累積了足夠真誠的愛。

當然，愛是一種互通，而不是一種交易。其實你用愛這種貨幣向對方購買的，也不是什麼特殊的商品，而是相同質量的愛。

## 不痛的溫暖

又是一年春天，媽媽在屋子裡整理著家人冬天的衣服。才七歲的安娜伏在窗前盡情欣賞著萬物復甦的景色，並不停的告訴媽媽哪些美麗的花朵又映入了她的眼簾。

在整理安娜的羊絨大衣時，媽媽發現兩側的口袋分別裝了一副一模一樣的手套，從質地、手感到花樣，完全沒有任何區別。

媽媽疑惑不解的問道：「寶貝，難道已經過去的冬天真有如此寒冷，以至於讓你非要把兩副手套疊在一起才足夠為你的手取暖嗎？」初春的陽光投向安娜天真無邪的臉上，將她臉上燦爛的笑容灑滿了整間房屋。「不是的，媽媽，手套暖和極了。過去的冬天也並不寒冷。」「那為什麼非得戴兩幅一樣的手套呢？」媽媽更加好奇了。

安娜抿了抿嘴，真誠地答道：「我的同學杜凱家境比較困難，買不起像樣的手套。但她又是一個自尊心極強的人，情願被凍得生凍瘡，也不肯去救濟站領那些難看的布手套，更不願意接受同學們的好心捐助。我看媽媽為我買的手套既好看又保暖，就故意帶了兩幅一模一樣的手套在身邊，然後故意裝作多帶了一幅手套的樣子。如果是因為糊里糊塗而多帶了一幅手套，杜凱就能夠欣然戴上我那副多餘的手套了。」安娜清澈的眼神像陽光下波光粼粼的湖水，「今年杜凱沒有生凍瘡。」

愛是一種內容，更是一種表達。不講究方式、方法的表達，會讓人曲解你愛的原意。和愛比起來，也許你的朋友需要同樣多的自尊、裡面和許許多多內心深處將自己保護起來的驕傲。這些軀殼對別人來說也許是可笑的，但對他本人來說確是重要的。這個時候，給他自尊，已經融合在愛裡面，成為愛本身的一部分。

## 疏遠殘疾人等於疏遠自己

曠日持久的越戰結束了，大批美軍戰士終於從戰場回來，陸續踏上了回家的路。回國前，皮特給自己德克薩斯州的父母打了一個電話，「親愛的爸爸媽媽，告訴你們一個好消息，我快要回家了。」

「感謝上帝，聽到這個消息真是太好了！」父母接到電話後興奮異常。「不過，我有個很親密的戰友在執行任務時不幸觸碰了地雷，被炸斷了一條腿和一隻手，沒有辦法獨立生活，我想把他接回家和大家一起住可以嗎？」皮特很沈重地說。

「這真是令人遺憾的消息，不過，我們可以幫他想辦法在附近找房子住，另外為他請一個管家來照料他的起居。畢竟，他和我們共同居住不怎麼方便。」父母用很婉轉的語氣回答。「但他是我最好的朋友，我不放心他獨自生活。」皮特緩慢而悲傷地說。

「親愛的孩子，你快回來吧。至於你那個朋友，他是因為戰爭負傷的，讓政府來照料他的下半生吧，別讓一個殘疾人來拖累我們。」父母有點不耐煩了。

幾天後，父母收到舊金山警方發來的關於皮特跳樓自殺的噩耗消息，在停屍間，他們發現，原來那個在戰場上觸碰地雷被炸掉一條腿和一隻手的士兵正是皮特自己。

愛不分國界而普世存在，愛就像一家銀行，你把對人真誠的愛儲蓄在裡面，在你需要的時候，也會得到很多愛的回饋。從這個角度講，關心別人就是關心自己。而當你在銀行裡儲蓄了太多的恨、鄙視和不屑時，它也會同樣一一回饋。

## 屋簷再長也沒用

信仰上帝的富翁仁慈而有愛心，在新蓋一棟大房子之前，他特別請建築工人把四周的屋簷加長加寬，以為那些無家可歸的流浪漢提供一片能遮風擋雨的棲身地。

新房落成後，寬大的屋簷果然吸引了很多窮人。他們在屋簷下休息、聊天，甚至還點起了火堆做飯。喧鬧的聲音和刺鼻的煙滲入富翁的豪宅內，富翁的家人不厭其煩，好幾次和窮人們發生了爭執。有一個寒風凜冽的冬夜，一名流浪漢活活凍死在屋簷下，別人都異口同聲地責罵富翁缺乏人道主義。

到了夏天，海邊颶風來襲，由於富翁的房子屋簷又長又寬，被強大的颶風連屋頂一起掀翻，大家又幸災樂禍地說富翁這是惡有惡報。

改建屋頂時，記取教訓的富翁只是讓建築工人按照正常標準建造屋簷，而把多餘的錢捐獻給了慈善機構，慈善機構以富翁的名義建立了一棟雖然沒有豪華屋簷，卻四面有牆，窮人聚集在屋子裡完全不再有風雨來襲的擔憂。

隨著住進這棟四面有牆房子的窮人們越來越多，富翁樂善好施的好名聲越來越響亮。等富翁死後，人們還建了祠堂紀念他。

做好事也需要講究方式方法，否則很容易被人誤解。站在大眾的立場上，就會看到，也許自己很多想法，都只是一廂情願，而恰是眾人才掌握了對自己的評定權。因而，只有儘量將自身利益和公眾利益真正最大限度結合起來時，你對別人的關懷才會得到公眾的認可。

## 禪背為椅

深秋的夜幕降臨了，禪師獨自在寺院裡踱步沈思。走過後花園時，他看見牆下面放了一只小木椅，他知道一定是哪個淘氣的小和尚偷偷溜出去玩了。他走上前去，不聲不響地挪走了小椅子，並背對牆蹲坐在那裡，靜靜地等候著。

一個時辰後，牆外傳來一陣輕微的攀爬聲，禪師知道小和尚回來了，就用力把背挺了挺。果然小和尚從牆外翻了進來，下意識地踩在了他翻出去前放著小椅子的地方。

等小和尚的腳到達地面時，他才驚恐地發現自己剛剛踩的根本不是什麼小椅子，而是平時嚴厲的禪師，禪師一向嚴格規定僧人晚上不能外出，否則一律嚴懲，小和尚不知道這次會遭遇禪師什麼樣的懲罰，站在那裡臉色早已嚇得發青。

禪師站了起來，拍了拍自己背上的灰，淡淡的對小和尚說：「早點休息去吧，深秋了，下次出門多穿件衣服。」

小和尚噙著淚回到了僧房，從此，寺院裡再也沒有小和尚偷偷溜出去玩耍的事發生了。

人心都是肉做的，惻隱之心、虧欠之心以及自責之心，都是普遍存在的人之常情。如果要對方接受你的意見，相對於冰冷嚴肅的法律條文來講，充滿感召力的人性化管理將更能巧妙地繞過人性中堅強的一面，而直接觸及靈魂深處的惻隱之心、虧欠之心和自責之心。

# 第六節：量力而為，知足常樂

人活著是為了體驗快樂，快樂在過程中，它是一種延續。快樂絕不是某一個截取的靜止片段，片段的快樂只是短暫的歡愉，像罌粟花一樣美麗卻有害。

而快樂的來源在於你自己，如果你把快樂的指標定得太高，你將永遠在自己的標準線下鬱鬱寡歡。人生苦短，又何苦為難自己？而把標準定得太低，俯拾皆是的快樂也會降低快樂本身的意義。給快樂定一個適中的標準，讓快樂貫穿你的人生之中，你的人生將會充盈著滿足而不溢的快樂。

## 得隴就不要再望蜀

三國時，漢中太守張魯趁劉備和曹操征戰無暇他顧之際而自立為「漢甯王」，魏武王曹操聞訊雷霆大怒，立即徵調大軍討伐張魯。曹操麾下聚集了大量優秀人才，他們率領著四十萬精兵強將一路上攻城拔寨、勢如破竹，很快就打到了漢中城下。

漢中城地勢險惡，易守難攻，魏軍雖然將漢中城圍得水洩不通，卻暫時也沒有辦法攻進城去。後來，曹操採納了建議，用金錢賄賂了張魯手下的貪財大臣做內應，因而輕易攻佔了漢中。

在慶功宴上，主薄司馬懿進諫，當前劉備勢力佔據了兩川地帶，如今我軍大戰告捷，軍勢正盛，不如趁著這股銳氣一鼓作氣進攻兩川，說不定還能把民心未穩的兩川打下來。

曹操搖搖頭說道：「劉備德高望重，諸葛亮運籌帷幄，早已在川中地帶形成了氣候，當地百姓也很擁護他們，急切間絕難攻取。況且兩川地勢更為險惡，進易退難，如果勝了還好說，輸了的話我軍將沒有一個人可以活著回來。」

長嘆一聲後，曹操總結道：「即得隴，復望蜀，人性可真是貪婪啊！」

一分耕耘一分收穫，當你的耕耘可以獲取比你預期要多的財富，請相信那不過是命運給你的誘餌，如果你貪圖誘惑坦然接受，你得到不過是短暫的歡愉，而失去的將是整個。切不可利慾薰心得隴望蜀，「望蜀」，將會導致你連辛苦獲得的「隴」也失去。

## 我家的餐盤只有一尺長

風景秀麗的海邊，一名垂釣者正坐在岩石上專心釣魚，人們欣賞海景之餘，也順便品味他的釣魚野趣。

沒過多久，只見水面浮起一陣漣漪，垂釣者釣起了一條足足有三尺長的大魚！人群中響起了嘖嘖讚嘆聲。沒想到垂釣者冷靜地踩住了魚身，解掉魚嘴中的鉤子，拿起魚往海裡扔去，魚在空中劃出了一道美麗的弧線，很快在海裡重新恢復了自由。這個人連三尺長的魚都不放在眼裡，可見他的野心多麼的大，大家都對這名神秘的釣魚者充滿了崇敬。

很快的他又釣起了第二條魚，這次的魚有二尺長，他一如以往解掉魚嘴中的鉤子，並把牠放回海水裡去。垂釣者矯健的身姿引起了人們的陣陣歡呼，大家都凝息以待，想看看這位不把二、三尺魚放在眼裡的大師，到底可以釣到哪條驚世駭俗的大魚。

不多久，垂釣者又釣到一條不滿一尺的魚。大家想也沒想認為這條魚也會被垂釣者放回大海。想不到垂釣者反而把這條魚小心翼翼地放進了魚簍內。

迷惑不解的人們問道：「別人釣魚都是挑大的釣，為什麼你反其道而行之？難道小魚反而要比大魚味道鮮美？」垂釣者冷靜而堅決地答道：「那是因為我家最大的餐盤也不過一尺長，一尺的魚對我來說足夠了。」

貪心不足蛇吞象，再多的財富也只有在消費後才實現它的價值，不曾消費的財富只不過是一連串金錢的符號，本身沒有任何意義。而為了得到這串金錢的符號，你必須為它支付大量現實的成本。這樣看來，與其拿大量現實的成本換取許多自己暫時消費不了的金錢符號，還不如先確定自己的消費需求，然後支出成本。

## 你已經擁有了超過一千萬的財富

久不得志的年輕人總是抱怨命運坎坷、時運不濟，他帶著滿腹牢騷來到一名鶴髮高人面前傾吐。

「年輕人，你為什麼愁眉苦臉？」高人問道。

「因為不公的命運讓我貧窮，我辛勤努力卻依然一事無成。」年輕人沮喪地說。

「可是實際上，你已經很富有了。」高人由衷地說。

「富有？你是在和我開玩笑吧？」年輕人不敢相信自己耳朵。

「如果有人現在砍掉你的一根手指，代價是給你一千元，你願意嗎？」高人沒有直接回答年輕人的問題。

「當然不願意。」年輕人爽快地搖了搖頭。

「那麼砍掉你一條胳膊，給你一萬元，怎麼樣？」高人繼續問。

「不！」年輕人堅決地予以否定。

「那麼你現在立刻變成八十歲，但可以獲得一百萬元，你願意嗎？」高人還在循循善誘。

「這個……還是不願意。」年輕人猶豫了一下，還是搖了搖頭。

「如果你的生命明天就將終結，但你今天可以成為一個令人稱羨的千萬富翁呢？」高人問題裡的籌碼越提越高。

「一千萬換我一條命，當然不願意！」年輕人跳了起來。

「那就對了，你有手有胳膊，有生命，已經擁有了超過一千萬的財富，為什麼還要感嘆自己貧窮呢？」高人微笑著問道。年輕人看著自己健全的身體，霎那間恍然大悟。

人們之所以有時候會感覺欲求不滿，是和自己確立的對照方式有關。把人生的各個領域的頂端值全部定為幸福標準，再來衡量自己的幸福分數，當然會很容易得出自己人生不及格的結論。但如果把人生各領域的均值定為幸福標準並以此衡量，那麼就將會覺得自己的人生風光明媚、充滿希望。

# 第七節：沈默是金

謠言止於智者，至於不停向別人傳遞、散播流言飛語的人，永遠只能成為忙碌而不知所云的小丑。

而當流言的內容涉及到自己，內心焦躁不安時，自己更要清醒地認識到，和流言計較，也無形中把自己降低到和流言製造者相同的水準。只有在流言中巋然不動，流言自然會慚愧而退，屆時，你將超脫為一個更完善的個體。

## 成為最有價值的金人

有個小國很嚮往中國的繁榮富強，為了表示仰慕之意，國王派使者送了三個純金打造的金人來到中國，當作送給中國皇帝的見面禮。皇帝召集了京城所有的大臣集中在金鑾殿，舉行接受三個金人的隆重典禮。使者畢恭畢敬地把三個一模一樣的金人帶到了皇帝面前，金人高大威武、金碧輝煌，皇帝看了龍心大悅，對使者說：「朕非常感謝你們國家如此的厚禮，該拿什麼來回報你們呢？」使者狡詰地答道：「不敢要貴國的任何回報，我們國王只是聽說中國地大物博，一定有不少高人，一定知道這三個一模一樣的金人，哪一個最具有價值。」

皇帝想這還不簡單，立即叫人分別測量三個金人的重量、高度和色澤等重要因素，想不到測試結果出來後，皇帝傻了眼，這三個金人重量、高度和色澤等方面幾乎以模一樣，完全分不清優劣主次。

眼看小國使者一邊得意的表情，皇帝臉上微微發紅，難道堂堂大國居然被這樣一個小問題難倒？這時一位德高望重的老臣毛遂自薦，說只需一根稻草就可以分清這三個金人的優劣次序，皇帝立即叫人拿來了一根稻草。老臣讓人把稻草塞進第一個金人的耳朵裡，稻草從另一個耳朵裡鑽了出來；老臣又讓人把稻草塞進第二個人的耳朵裡，稻草又從金人的嘴裡鑽了出來；直到把稻草塞到最後一個金人的耳朵裡時，稻草直接掉進了金人的肚子裡。老臣做出了自己的結論：「最後一個金人心懷寬廣，能容一切難容之事，是最有價值的金人。」剛剛還在暗自偷笑的小國使者立即收起了笑臉，站在那裡默然不語，因為答案正確。

什麼才是最有價值的人？是一隻耳朵進，一隻耳朵出的人；是剛聽到就到處宣揚，口無遮攔的人；還是不管什麼樣的流言蜚語，都能默默消化的人？很顯然，謠言止於智者，能夠在各種流言中巋然不動、保持清醒的人，才是能夠真正經得起大風大浪考驗、最有價值的人。

## 看來我們都錯了

甲和乙並排坐在一班前往巴黎的班機上，同樣惜時如金的他們分別拿出自己的手提電腦抓緊時間進行著自己的工作。

忽然甲驚呼自己的行動硬碟不見了，而他上飛機前分明記得帶了，他一口咬定是鄰座的乙順手牽羊偷了去。乙矢口否認，而甲依然大聲斥責乙是一個唯利是圖、敢做不敢當的小偷，寧靜的機廂內霎那間充滿了火藥味，而乙始終微笑著不與爭辯，他只留淡淡地下一句：「朋友，我沒有偷過你的東西。」

由於行動硬碟裡藏著甲很多商業機密，惱羞成怒的甲幾乎要動手打乙，正揮起拳頭想要狠狠地打下去時，忽然感覺衣服口袋有個硬硬的東西，拿出來一看，原來正是失蹤了的行動硬碟。

甲緩緩地放下了拳頭，在周圍人的一片嘲笑聲中紅著臉向乙道歉，乙還是淡淡地答道：「沒什麼好道歉的，你誤認為我是個小偷，我誤認你是一名紳士，我們都錯了。」

人難免會被其他人誤解，但既然別人的錯誤已經發生，自己又何苦再去犯同樣的錯誤？誤解自己的人也許終將醒悟，那時你會慶幸自己不曾和他計較；也許他會把對你的誤解帶到人生的終點，但你也不用著急，因為你看清了他的為人，而他卻不再有機會看清你的為人，失敗的是他，而不是你。

## 青蛙就是青蛙

新年來臨之際，動物界學術菁英召開了一次主題研討會，這次研究的是有關青蛙屬性的問題。參加會議的有鯉魚、烏龜、公雞和老鼠等動物。為了給青蛙一個準確的分類，大家展開了激烈的爭論。

「青蛙的歌聲很嘹亮動聽，應該和我一樣是歌唱家。」公雞斷言；「青蛙既能在陸地上生存，又能在水裡生活，應該是和我們同類的兩棲動物。」烏龜說；「青蛙在水中游泳的姿勢很漂亮，是游泳健將吧！」鯉魚自信地說；「我們總在半夜裡出來覓食，青蛙也喜歡晚上在田野裡捉蟲子，牠和我們一樣是夜貓子。」老鼠很認真地說。

這個時候青蛙出現在了會場，大家都爭先恐後地要求青蛙就自己像哪一個分類而表態。青蛙冷靜地說：「你們都猜錯了。我不是你們所說的任何一種，我就是我自己。」

不要在甜言蜜語裡跌倒，也不要被流言蜚語所擊潰。永遠記得，你永遠不是其他人口中的誰，你永遠只是你自己。別人對你提出的建議或批評，自己應該有則改之，無則勉之，但別人對你的觀點，並不應該影響到你原來的人生軌跡。兼聽則明和保留自我就是了。

# 第三章：決定前進的目標

萬事諸象，觸摸著每個人的手與足，聚焦在每個人的視網膜，最後再落腳在每個人心靈的土壤上。總是因為我們的內心起伏坎坷，雜念叢生，才會感覺周遭的世界顛簸不平。如果希望我們的人生道路從現在起盡可能平坦，請先摒除心中雜念的小石塊，讓心靈之路變得平坦些。

人屆三十，雖還依然年少，卻已不復輕狂。但一腔熱情再也支撐不起永久的夢想，意氣風發也無法繼續為不知天高地厚的癡狂提供不滅的燃料。想認真做好一件事，不但事前要做好充分的準備，更要在執行的過程中懂得因勢利誘，水無常形而心有恆意，才能保證「行」的準確性、有效性。

# 第一節：欲窮千里，更上層樓

「高瞻」方可「遠矚」，這個道理人人都懂，但人常會嫌登高樓太累而滿足於平地上的視野，由於慢慢習慣平地的視野，片刻的安逸和寧靜會讓人漸漸忘記，曾立下的「登高望遠，氣吞萬里」的豪邁誓言。

站在樓前，不妨捫心自問，自己是否已滿足眼前這片方寸間的視野，還是立志於海闊天空的壯觀？不要指望自己只是在原地盤旋，而高樓的風景會主動下降到你的高度，人生沒有直達電梯。

## 老闆的鸚鵡最值錢

小李到寵物店選購鸚鵡。首先他看到一個羽毛鮮艷、音啼響亮的鸚鵡，標價二萬元，而一隻普通鸚鵡市價不過只有幾千元而已。某人問老闆這隻鸚鵡為什麼可以賣到二萬元，老闆說牠不但把人話模仿的惟妙惟肖，而且還會說兩種外國語言。

小李想想也對，繼續挑選其他的鸚鵡。他又發現一隻外表靚麗、精神飽滿的鸚鵡，標價為四萬元。老闆解釋說：「這隻鸚鵡會講四種外國語言。」

小李聽完後越來越喜歡這裡的鸚鵡了，他繼續觀選其他的鸚鵡，想選一隻最好的鸚鵡買回去。在滿店華麗的鸚鵡群裡，他發現一隻羽毛掉光，萎靡不振且外形醜陋不堪的鸚鵡，好像雞立鶴群一樣刺眼。他帶著調侃的語氣問老闆：「這隻鸚鵡只要幾百塊錢吧？」

老闆急忙答說：「這隻鸚鵡是本店最昂貴的鸚鵡，售價八萬元。」

小李簡直不敢相信自己的耳朵，驚奇地問老闆：「這隻鸚鵡看上去又老又醜，居然能賣到八萬元？難道它會講八國語言不成？」

老闆不急不徐地答道：「這隻鸚鵡能賣到八萬元，和牠的語言能力完全無關。牠一門外語都不會說，但關鍵是，其他兩隻會講多國外語、且外形靚麗的鸚鵡都叫這隻鸚鵡老闆，這就是牠的價值所在。」

「小隱隱於野，大隱隱於市」，真正能夠成大事的人，因為心中藏有睥睨天下的視野和舉重若輕的氣度，因而在外表平凡。倒是志比天高、心浮氣躁的人，才會動不動就把自己三腳貓的功夫拿出來作秀。但畢竟「勞心者役人，勞力者役於人」，人能站在什麼高度看問題，直接決定了他人生的高度。

## 靈魂決定境界

老鼠的靈魂死後向上帝哭訴，老鼠外形猥瑣，齷齪骯髒，因而受盡了人類的欺凌，在重新投胎之前，牠再也不想做老鼠了。

上帝微笑著告訴靈魂：「我可以答應你，讓你成為任何你希望的種類。」靈魂眨了幾下眼睛說：「我很討厭人類老是欺負我們鼠類，我想下輩子也要做人類，就可以要一下欺負鼠類的威風了。」

「可是人類要不停地耕種、工作，否則就會被餓死，而且人類走在郊外，還有可能遭到老虎等野獸的戕害。」上帝答道。「原來人類也要自己覓食才能生存，而且老虎比人類還要厲害，那我做老虎好了。」靈魂躍躍欲試。

「可是老虎也有煩惱，當自然災害來襲的時候，老虎也要躲到樹林背後躲避風雨。」上帝又答道。「既然樹木可以給老虎帶來安全感，那一定是比老虎更了不起，我還是成為一棵樹吧！」靈魂很快再次調整了自己的目標。

「不管樹木多麼高大粗壯，巍峨參天，還是會被人類砍伐下來做各式各樣的傢俱。」上帝答道。靈魂彷彿想像到了鋒利的刀刃切割到自己身上的劇痛，它急忙諂媚說：「既然做樹木也會有這樣的麻煩事，看來只有上帝你才是萬能的，不如讓我在上帝你身邊謀個差事吧。」

上帝不屑地說：「你還是投胎做你的老鼠吧，因為你只有老鼠的靈魂！」

有時候靈魂和軀殼並不是可以割裂開來的，之所以有那麼醜陋而單薄的軀殼，常常是因為軀殼裡面本來就包裹著一個愚昧而貪婪的靈魂。因而我們做任何事，在抱怨客觀環境之前，首先審視一下自己的內心。靈魂由內而外的昇華，要比軀殼塗脂抹粉的掩飾有效的多。

# 第二節：腳踏實地，兢兢業業

一口吃不出一個胖子，不經過雙手腳踏實地的辛苦耕耘，再宏偉的藍圖怎麼也不可能變成實在的收穫。

士氣本身不能轉化成任何生產力，高昂的士氣只有依附在具體執行的生產工具上，才能實現提高效率的價值，所以在你被精采的演講深深打動時，請花時間想一想，什麼才是用來實現目標的生產工具。

## 非以役人，乃役於人

當台灣經濟高速發展，成為舉世矚目的亞洲四小龍之一時，美國麥當勞公司總部決定捷足先登迅速佔領這個新興市場，並很快在台灣舉行了招聘麥當勞中層管理者的招聘大會。消息傳出，大量人才紛至，他們都希望能夠在麥當勞這樣的跨國企業謀取一份令人稱羨的職位。但麥當勞對中層管理者的篩選要求很高，很多人才因為不符合標準都在初試時被無情地淘汰了。

年輕人韓定國是獲得麥當勞總裁最後面試的幸運者之一，他坐在了總裁面前，等待著命運未知的宣判。總裁看了看眼前的年輕人，微笑著問說：「如果你被公司錄取，但一開始並不是從事管理工作，而是清理廁所，你願意嗎？」他隨口回答：「當然願意，因為我們家裡的廁所都是我一手清洗的。」

總裁聽了非常滿意，沒有經過之後的面試就直接錄取了韓定國，韓定國事後才知道，清理廁所是麥當勞訓練新進員工的第一課。麥當勞的用人標準就是：「非以役人，乃役於人。」。

沒有天生的將軍，許多頂天立地的大人物都是從小人物默默無聞的成長起來。天堂也沒有一蹴而就的直達電梯，你必須一步一步踏實的走上台階。在向巔峰邁進的過程中，越來越崎嶇的山路，才能讓你領略到巔峰的來之不易，更瞭解到，當初在山腳下的訓練是多麼的重要。

## 鸚鵡再會演講也飛不高

美國的萊特兄弟發明飛機，使人類遨遊天空的夢想成為現實，但他們同時又是一對性格內向、不善演講的人。在一次華麗的宴會上，酒過三巡，主持人盛邀已是名人的大萊特上台即興演講。大萊特面帶為難地說：「感謝大家的好意，但你們大概搞錯了，在我們萊特家，對外發表演講從來就是小萊特的事。」

主持人隨即把麥克風轉給小萊特。小萊特笑著說：「剛剛大萊特不是已經為大家做過演說了嗎？」但在觀眾強烈的要求下，熱情的主持人還是請小萊特應邀演說。

盛情難卻的小萊特沈默了片刻，隨即說了這麼一句話：「我們知道在鳥類裡面，鸚鵡是唯一能夠說人話的，但不管鸚鵡把人話說得如何惟妙惟肖，牠總是永遠飛不高。」就這麼一句簡單的演講，贏得了在場幾百名觀眾長久不息的熱烈掌聲。

**萬丈高樓平地起，任何成績都靠雙手踏實地打拚出來。精采的演講可以大大激勵人的士氣，而旺盛的士氣雖然可以使效率提高，卻始終不能代替建設過程本身。提高士氣是錦上添花，勞動本身才是根本，如果不能兩者兼得，腳踏實地的勞動才是最重要的。**

## 請真誠對待你的第一位客戶

剛考出律師執照的約翰在繁華商業街租了一間辦公室，並不惜重金對辦公室進行豪華裝修。在名貴的辦公桌上，他特地添置了一部漂亮華麗的電話。

一切妥當後，他自信滿滿地向外界發出了約翰律師事務所已開張的消息。第二天中午，秘書來報門外有客人造訪。正無事可做的約翰按照慣例以自己很忙為理由讓客戶在會客室的沙發坐了十五分鐘，然後再通知秘書讓客戶進辦公室。聽到客戶腳步聲由遠而近，約翰拿起電話，對著話筒口若懸河地說道：「親愛的總裁，關於你和另一家跨國企業董事長之間的法務糾紛，我已經很詳細研究了裡面的細節，我覺得事情不應該是這樣的」。約翰停頓了一下，拿餘光瞄了一下已站在門外等待的客戶，眼神中彷彿得到了莫大的鼓勵，繼續提高聲量說道：「當然我也有很大的信心為你解決這個難題，不過價格低於二百萬是沒法接受的……哦？那樣也好，晚上在飯店談，再見。」

約翰掛上了電話，心滿意足地回頭看著門外已目瞪口呆的客戶，面帶微笑地說：「對不起，我太忙了。請問你有什麼需要我幫忙的嗎？」客戶尷尬地說道：「我沒有什麼需要你幫忙的。我只是電信局的員工，局裡通知我到這裡來幫你接通電話。」

拿什麼來打動你的第一個客戶？是虛榮華麗的外殼，還是腳踏實地給予客戶的關懷？如果你認為虛榮心可以征服你的客戶，那麼本身就說明你自己已經被虛榮心征服，被虛榮心征服的人將是廉價的，並將被你的客戶所摒棄。

## 別讓佛祖一直抱著你

夜深人靜時，某人迷迷糊糊地進入夢境。他夢見佛祖居然就在身邊，並牽著他的手一起踱步在鬆軟的沙灘上。幽暗的夜空中突然劃出一道弧線，上面寫著某人一生走過的點點滴滴。他發現在每一幕的情境裡，沙灘上都有兩對足印，一對是他自己的，一對則是佛祖的。

原來佛祖一直帶著自己走過漫長的人生路，某人心中充滿著虔誠和感動。當最後一幕劃過，某人回顧沙灘上一路走過的足印：發現大多數情況下，沙灘上都有兩對足印，也有少數幾次，沙灘上只有一對足印，而恰好是他的生命處在險惡叢生的低潮。

某人疑惑的向佛祖問道：「你說你能恩澤萬物，循聲救苦，一旦我虔誠信仰你，你就會一直在我身邊幫助我、保護我，但為什麼在我最無助、最失落的時候，你反而忍心放開我的手，讓我獨自面對呢？」佛祖溫柔的答道：「孩子，我一直都在你身邊保護著你從不曾走開。在你最失落無助的時候，為了避免你遭受更多的傷痛，我是抱著你走過去的。」

任何一個人都是一步一個腳印從人生的起點走向終點，沒有誰可以例外，也沒有誰可以漂遊在人生旅途中。當然，我們會遇見一些好心人，在我們最落寞的時候給予幫助，但未來漫長的路將是我們獨立行走，沒有哪個救世主會抱著我們走過完整的一生。

## 第四節：避開荊棘，曲徑通幽

人生就像一場自己和命運的持久戰，有時一帆風順；有時寸步難行。順利的時候固然要不驕不躁，遭遇挫折時也無需自怨自艾，喪失信心。

命運從來都不是什麼萬能之神，看上去青面獠牙、堅不可摧時，只要你冷靜思索，仔細分析，一定會發現命運也有自己的弱點。繞過命運花了很長時間準備的防線，你會發現，與其當面硬碰硬，還不如另辟蹊徑，把困難輕巧地拋在腦後。

## 有皮鞋就不必在路面鋪滿牛皮

很久以前，人類還沒有發明皮鞋，所有的人都光著腳丫子在地上走路。有一天國王到山區裡視察，崎嶇的路面佈滿了堅硬的小石子，將國王的腳磨得鮮血淋漓。

疼痛難忍的國王為了杜絕此類情況的再次發生，下了一道聖旨，命令全國各地的主要路面都必須鋪上牛皮，這下可難倒了主管交通和主管農業的兩位大臣。他們知道即使殺光現在全國所有的牛，所獲得的牛皮也絕對不夠鋪滿全國主要馬路的路面，而且把牛皮鋪滿路面根本就是既浪費又不實用的做法。但君命難違，在進退維谷之間，不知所措的兩位大臣急如熱鍋上的螞蟻。

此時，主管財政的大臣想出了一個辦法，他向國王進諫說：「陛下下令在路面鋪滿牛皮，是出於天子對人民的仁慈和愛護。如果在每個人民的腳下裹上牛皮，不也一樣可以保護他們的腳嗎？這樣就能節約下來更多本來鋪在路面的牛皮，而千萬子民也依然都沐浴在陛下的恩澤下。」

國王深以為然，下令為全國每個人製造兩張牛皮，命令迅速在全國傳播開來，兩張牛皮發展到後來，就成為了既實用、又漂亮的皮鞋。

人生總難免碰到左右為難、進退失據的尷尬場面。既然退無可退，進又寸步難行，與其在原地自怨自艾，還不如靜下心來把進和退各自的優勢與劣勢整理出來，把劣勢剔除，再把優勢相加，也許，一個全新的好點子就會讓你柳暗花明又一村。其實很多時候把你禁閉起來的正是你自己，換一種思路，也就解放了自己。

## 有時候黑暗才是你的出口

動物學家做了一個實驗，把一隻小鳥關在一間漆黑的屋子裡，屋子的設置很簡單，左右兩面牆上分別開了一扇窗。一扇窗靠著陽光明媚的室外，另一扇窗則朝著伸手不見五指的另一間屋裡，穿過屋裡就可以從另一扇窗飛向室外。

動物學家關緊了朝著室外的那扇窗，而打開了另一扇朝著黑暗屋裡的窗，然後打開了小鳥的籠子，讓小鳥自由飛翔。重獲自由的小鳥立即飛向朝著室外光明的那扇窗，但被關緊的玻璃窗狠狠地撞了回來。

小鳥在黑暗的室內又徘徊了兩圈，但窗外的天空是如此蔚藍而誘人，以至於讓小鳥情願認為是自己的力量不夠，而反覆加強飛向玻璃窗的力道。當然每一次小鳥都被玻璃窗撞得彈了回來。直到牠頭破血流，躺在窗台上奄奄一息，牠也依然把靠近室外的那扇窗當做唯一的出路，而始終沒有為尋找其他可能的出口做任何的嘗試。

即使那另一扇可以給牠出路的窗戶，在不遠處的背後，牠回頭望一眼就可以看到。而牠只是躺在窗台上望著窗外的天空，直到死去。

既然經過反覆驗證，眼前就是銅牆鐵壁，就不要拿血肉之軀與其爭輸贏。再強大的敵人也有他脆弱的一面，也許突破點就在你的不遠處，只是你還沒發現罷了。你要做的就是在遇到困難後，把執著的目光離開眼前的方寸之地。以退為進，蓄勢待發，等找到真正的突破點時，也許根本不用什麼太大的力量，就可以輕易地度過難關。

## 大衛雕像的鼻子

義大利藝術家米開朗基羅的大理石雕像大衛是聞名遐邇的曠世之作，但在大衛雕像剛剛落成時，主管此事的官員居然對雕像不滿意。

「有什麼需要調整的地方嗎？」米開朗基羅問道。

「我覺得鼻子太大了，與臉部比例不協調。」官員有板有眼的說道。

「是嗎？這可是個問題。」米開朗基羅仰起頭觀察了一會，似乎也同意了官員的觀點，

「看起來鼻子是偏大了點，不過你別擔心，我這就修改一下，一會兒保證你滿意。」說完就拿起工具沿著樓梯爬上雕像，揮汗如雨地工作了起來。

米開朗基羅在上面工作的是如此的賣力，鑿刀不斷從雕像上琢下很多大理石粉，官員不得不移開腳步。又過了會，米開朗基羅請官員爬上樓梯檢查改完的雕像，官員特地看了鼻子部分，非常滿意地誇獎說：「改得很出色，這樣的比例才對啊！」

送走官員後，助手迷惑不解地問米開朗基羅：「我覺得你原來雕刻的鼻子很完美啊，為什麼要聽官員的意見而做修改呢？」米開朗基羅笑著說：「我只是拿了一把大理石和石粉，上去配合鑿刀做做樣子給官員看，實際上我沒有對雕像做任何修改。官員之所以一開始覺得有問題，是因為他心裡拿著居高臨下的態度來看待事物。」

當你的頂頭上司、重要客戶或者親戚朋友對你提出了很苛刻的要求，而於情於理你又完全不能拒絕，你該怎麼辦？正確的方法不是照著對方的要求依樣畫葫蘆，也不是和對方鬧翻，而是應該仔細想一想，在對方義正詞嚴的要求背後，到底蘊含了另外一個什麼真正的需求？

## 不必給綁匪一百萬贖金

企業家亞當年僅七歲的女兒被匪徒綁架，在電話裡要求亞當拿一百萬贖金才能放回小孩。綁匪在電話裡反覆強調：絕對不能報警，一旦發現亞當報警，馬上會要了他女兒的命。

亞當夫婦急得如熱鍋上的螞蟻，一百萬對他們不算一個大數目，但問題是按照這座城市的往例，即使如匪徒所願交了贖金，為了以絕後患，匪徒也會在拿到贖金後立即殺了人質，投鼠忌器的亞當夫婦一下子感到無所適從。

好心的鄰居給他們出了個點子：「你們不必交給匪徒一百萬贖金，你們只要在電台廣播，誰能救出人質就會給他一百萬獎金。」「你瘋了，這樣我女兒會立即沒命的！」亞當夫婦覺得這樣風險太大了。

鄰居給亞當夫婦詳細解釋了一下，亞當恍然大悟，於是便立即在電台上做了一則廣告：「凡是把我女兒安全送回家者，不管以何種形式，一律獎勵一百萬現金。」並在電台黃金時間反覆播放。匪徒們聽了廣告後內部產生了分歧，一部分人主張立即假裝救人者把小孩送到電台，這樣既能做英雄又能名正言順地拿到一百萬獎金而不必擔心受怕；另一部分則堅持等拿到贖金後再做打算。

兩部分人爭吵越來越厲害，逐漸演變成嚴重的內訌，最後主張把小孩交給電台的綁匪偷偷把小孩從關押的地方救了出來並交給了電台，警方迅速殲滅了其餘部分的綁匪。一場流血事件扼殺於無形中，活潑可愛的女兒安全地回到了亞當夫婦身邊。

在遭遇困難，而困難又特別強大的時候，千萬不要被困難嚇倒。既然勝利最終總是註定站在正義的一邊，你要做的事就是儘量攪亂敵人的步驟，用利益去分化敵人，困難就會分為很多份而相互抵消。最關鍵的是，你為勝利之神趕到你身邊爭取到寶貴的時間。

# 第五節：魚與熊掌，有所取捨

很難講慾壑難填是好還是壞，適當的慾望促使人不斷進步，而過度的慾望則使人迷失自我。但什麼才是適當的慾望，適當的定意在哪，很難有人說得清楚。我們也很難拿冠冕堂皇的論點來要求別人節制自己的慾望，恐怕連上帝都沒有這樣的道德立場。

但顯而易見的是，當你的靈魂需求了太多的慾望，而又想要同時實現那麼多的慾望，請千萬小心，不要被自己無限膨脹的慾望撐破，適當的時候，請學會放棄。

# 先救離你最近的人

一場洪水衝垮了河堤，淹沒了村莊。農夫在洪水中奮不顧身地救出了妻子，但他的兒子卻被洪水無情地帶走了生命。

劫後餘生的村民們都對此事議論紛紛，有人覺得農夫做得不對，因為妻子可以再娶，但自己的親生骨肉卻不可能復生，並由此判定農夫絕對是個缺少父愛的冷血動物。

另外一部分人則覺得農夫做得完全正確，因為兒子是他和妻子的結晶，只要妻子還活著，那麼再生一個兒子不過是指日可待的事，而兒子卻不能給自己帶來一個親生母親。他們由此判定農夫是對的。

眼看大家各執一詞，爭得不亦樂乎，德高望重的村長決定親自去農夫家中諮詢一下，農夫當時救妻子而不救兒子的心裡是怎麼想的。

農夫簡單回憶了一下，痛苦著說：「當時洪水來的很猛，一下子就湧進了屋子裡。那時妻子就在我身旁，而兒子則在隔壁屋子裡。我當時腦子裡唯一的念頭就是，先救離我最近的人，否則我最後誰都救不了。當我在洪水中拉著妻子把她送到山坡的安全位置，再迅速回到屋子裡想救兒子時，他已經不幸被洪水沖走。」

人的慾望總是無限的，要了這個總會還想要那個。在獲取財富的過程中是如此的貪婪，在挽留失去財富的過程中也是一樣的貪婪。但什麼都想要，卻常常什麼都要不到；什麼都想保留，卻常常什麼也留不下來。我們的能力和慾望相比，總是那麼可憐的有限，既然如此，不如先擁有、保留那些離我們最近的東西吧。

## 把多餘的鞋扔掉

火車在無垠的平原上高速行駛，靠窗而坐的老人正在看著報紙悠閒的將一雙腳翹在窗邊，一不小心把新買的皮鞋弄掉了一隻，皮鞋從視線滑落，很快和四周的風景一樣被飛速地拋在了腦後。

這雙皮鞋是老人兒子特地買給他的，老人很喜歡，而且一直不捨得穿。現在遺失了，很多人都表示非常惋惜，甚至有人建議老人在前方小站停靠時沿鐵軌回去找找。

而老人卻很果斷地拿起眼前另一隻鞋，大力地向窗外擲去，很快另一隻鞋也消失在視線內。

旁人疑惑不解地問老人：「難道你是如此討厭這雙皮鞋嗎？掉了一隻不算，還要把另一隻也扔掉？」

老人認真地說：「反正我已經掉了一隻皮鞋了，剩下單獨一隻對我沒有任何意義。而我把另一隻鞋也扔掉，說不定別人可以撿到兩隻皮鞋，這樣，這雙皮鞋對他還算有點用。」

人有時候會面臨著殘缺的擁有和果斷的放棄，這兩者之間的選擇。抱守殘缺只能給自己徒留遺憾，而果斷的放棄則可能帶來意外的快樂。你本身放棄的就是一個對你毫無意義的東西，因此也沒有什麼損失。該放棄時就放棄，也許日後才會得到更豐富的回饋。

## 給自己一根繩子

兩兄弟的父親是個經驗豐富的老獵人，擁有幾十年的打獵經驗，平時走山路如履平地，從來沒有出過什麼意外。然而有一天，因下雨路滑，年邁的他不小心跌落山崖。兩個兒子哭著把父親抬回了破舊的家，奄奄一息的父親在彌留之際指著牆上掛著的兩根繩子，斷斷續續卻又堅決果斷地對兩個兒子說：「我沒什麼留給你們，除了這兩根繩子，你們一人一根。」還沒說出用意就離開人世。

兄弟倆埋葬了父親繼續打獵生活，然而獵物越來越少，有時一天只能打回幾隻野兔，還不夠兩人一天的伙食，倆人的日子越來越困苦。弟弟與哥哥商量說：「只靠打獵無法生活了，咱們做點別的吧！」哥哥不同意說：「咱們家幾代都是打獵的，還是本本分分地做老本行吧，別異想天開了。」

弟弟沒聽哥哥的話，就獨自帶著父親給他的那根繩子走了。他先是砍柴，再用繩子捆起來揹到村子裡換錢。後來他發現，滿山遍野的野果很受村裡人喜歡，而且價錢可以賣得很高。從此以後，他不再砍柴，而是每天揹一捆野果到村子裡賣。幾年下來，他靠賣果子的錢蓋起了漂亮的新房。

哥哥依舊住在那間破舊的屋子裡，還是一成不變以打獵為生。由於常常打不到獵物，生活越來越拮据，連老婆也娶不到。他整天怨天尤人、唉聲嘆氣。弟弟買了好吃的食物來看哥哥，發現哥哥已經用父親留給他的那根繩子把自己活活吊死在房裡。

從同樣的起點起跑，從同樣的高度起跳，為什麼不同的人能夠達到的速度和高度大相迴異呢？除了人各有天賦這個先決條件之外，不同的人對起點基礎資源的利用，直接決定了資源可以實現的價值。對資源各種利用方案的選擇，直接決定了你人生的高度。

# 第六節：逆水行舟，不進則退

希臘哲學家德謨克里克曾經說：「你不可能在不同的時間內，踏入同樣一條河。」世界總是不斷地在變化中前進，每一道的風景都是那樣的無從挽留。

我們不能拿昨天的綺麗，來祭奠眼前的風景；也不能拿過去的標準，來當作衡量現在事物的尺度。那不但是對現在的污蔑，也是對未來的不敬。

任何事需要規矩來制約，但規矩的標準要與時俱進，墨守陳規無異於刻舟求劍。

## 跑得比對手快一點就夠了

甲和乙結伴去郊外野餐，不知不覺迷失了方向。眼看天色將晚，兩人決定就地休息一夜，天亮再尋路返回。正在此時，樹林裡傳出了一陣奇怪的響聲，原來一頭大黑熊嗅到了人的味道，正循味而來。

兩人驚恐萬分，立即準備逃跑。甲扔下所有的行囊，拔腿就往熊的反方向狂奔而去；而乙則迅速打開自己的行囊，準備更換一雙更合適的運動鞋。甲上氣不接下氣的回頭嚷道：「你瘋啦！不管你換什麼鞋，能跑得比熊快嗎？快點和我一起逃命吧！」

乙看了看向這邊飛速跑來的大黑熊，再看了看另一邊狂奔的甲，用最快的速度換上新鞋，不慌不忙地答道：「我當然跑不過黑熊，但熊只有吃一個人的胃口，我只要跑得比你快就足夠了。」

換上新鞋的乙果然很快就追上了甲並把他甩在了身後，可憐的甲被風馳電掣般追來的熊活捉，成為葬身熊掌下的一道美餐。

在你和對手存在的競賽，標準嚴格而苛刻，時間緊迫而有限。在你和對手必將有一個稱為幸運者的前提下，完美雖然好，但卻沒有任何的實際意義，你只要比對手好就足夠了。哪怕只比他勝出一點點，你就是冠軍。而當對手已經在加速，而你還是保留原來速度，那你最終將被淘汰。

## 刻舟求劍

楚國人坐著小船過江，馬上就要回到久違的故鄉了，楚國人樂得忍不住拿出佩在腰旁的劍，在船上揮舞起來。一個漣漪輕微地推了小船一下，正在舞劍的楚國人打了個踉蹌，沒有握住手中的寶劍，寶劍「倏」地一下墜入了滔滔江水中，很快就不見蹤影。

楚國人馬上跪下來用小刀在船上刻下寶劍掉下的位置，為了怕看不清楚，還特地用了很大的力量刻下了標誌。等小船停下來的時候，楚國人就看準了後用小刀在船上刻下的位置，一個魚躍跳入水中想要尋找遺失的寶劍。他只是在標誌附近的區域尋找，而根本沒有想到往回頭路去找。當然，除了江裡的水藻和魚類，楚國人什麼也找不到。

世界上沒有任何東西是一成不變的，我們衡量事物的標準也要與時俱進。無知並可怕，至少無知者會以謙卑的態度面對未知的世界。可怕的是因循守舊，拿著過去陳舊的經驗來認知早已日新月異的世界。在過去的標準裡自以為是，將會使人永遠得不到自己今天想要的東西。

## 貼心比貼金更重要

有兩個同班同學大學畢業後分別經營各自的生意，甲的生意門庭若市；而乙的則慘淡度日。甲時常譏笑乙不諳經商之道。

這一次他們在繁華市區比鄰而建了兩家飯店。經商以來一直一帆風順的甲投入了大量資金，請來了名設計師按照五星級標準為飯店做了環境設計，還在大堂上貼了幾處金碧輝煌的金粉。又高薪聘請了多名頂級廚師，並推出了使人眼花繚亂、食慾大增的招牌菜，企圖以一擲千金的大手筆來迅速奠定飯店的地位；而乙由於一開始經商不是很順利，所以為飯店投入的裝潢費用並不是很多，整個環境典雅樸素，而且聘請的廚師也都名不見經傳，總體投入成本大概才只有甲的十分之一。

甲不禁嘲笑說：「你這麼小氣，連飯店都裝潢的如此一般，也沒什麼像樣的招牌菜，這次你肯定又輸給我啦！」乙笑而不答。

半年後，甲驚奇地發現，精心裝潢的豪華飯店營業額居然沒有隔壁的乙飯店多。他疑惑不解的走進環境樸素的乙飯店，向乙請教飯店成功的秘訣。

乙把甲帶到飯店門口，指著自己飯店門口那寬敞的平地，平靜地說：「我雖然飯店裝潢得很簡單，但為顧客留下了門口這一塊停車的地方，顧客感到很貼心。而你雖然把飯店內部裝修得很豪華，卻在門外堆滿了石獅子、財神爺和燈籠，顧客沒有地方停車，自然不會進你的飯店吃飯。對顧客而言，貼心比貼金更重要。」乙語重心長答道。

人生沒有永遠的領先者。你一個不經意的疏忽，就可能導致被對手趕上。而比速度更重要的是加速度，要保持領先地位，除了維持比對手快的速度之外，更要保持長久領先的加速度。當加速度不如對手的時候，再大的優勢也終有一天化為烏有。

# 第七節：有勇有謀，進退有據

世界總是在不斷變化著，也許原來還是一條康莊大道，現在已經變成坎坷泥濘的死路。

愚蠢的人，根本不相信也不願相信居然會發生這種變化，而是加足馬力，沿著一條死路奮勇前進；聰明的人，就在於認知這種變化，並及時調整最適合自己的方向；更聰明的人，則可以根據眼前的路況，盡可能預知未來可能發生的變化。

愚蠢的人，聰明的人和更聰明的人，同時行駛在這同一條不斷變化的道路，誰會最早抵達終點？

## 就摘一顆蘋果回來吧

禪師帶著弟子們想要過河到對面的樹林摘桃子，在從寺廟走向河邊時，每個人心裡都想像著粉紅鮮嫩的桃子，一路上都有說有笑。

走到河邊時，大家都傻了眼。原來一場洪水衝垮了河上唯一的一座橋，而方圓五里之內看不到一艘可以用來渡河的漁船。而對岸掛滿桃子的果樹是那樣的清晰真實、芳香撲鼻，但此刻卻不能渡河。

大失所望的弟子們開始踏上了回寺廟的路，同樣一段路，他們回去時的情緒低落。畢竟出發的時候有吃到桃子的希望存在，而現在什麼也沒有。回到寺廟後，一名弟子小心翼翼地從懷裡拿出一個紅彤彤的蘋果獻給了禪師。禪師問其原委。

弟子說：「剛剛在河邊看到橋被衝垮，就明白過河摘桃無望。正好看見附近有一棵蘋果樹，我想不可以浪費這個機會，就爬上去摘了一顆蘋果。」

禪師滿意地笑了，並在他圓寂前，把自己主持的位置傳給了這名懂得隨機應變而又細心的弟子。

條條大路通羅馬，根據形勢的變化，隨時隨地調整自己的人生目標是非常重要。它可以讓你及時避開那些前進路上的坎坷，而選擇另一條同樣通向終點、卻更適合自己的道路。以退為進，比一昧的猛進，要得到更多。

## 有你就足夠了

病入膏肓的富翁知道自己快走到生命的盡頭，而他唯一的兒子卻因為公務不在身旁。為了避免自己死後財產被別人蓄意侵吞，他立了一份讓人捉摸不透的遺囑，上面寫道：「我死後只留一樣東西給我的兒子，其他一切財產全部留給管家。」並把這份遺囑交給了管家。

管家看到遺囑的內容欣喜異常，認為自己憑遺囑就可以名正言順地繼承富翁大部分遺產，也就沒有想陰謀詭計去侵吞，而是拿著遺囑歡天喜地來到富翁兒子面前。富翁兒子看了遺囑，很快就明白了父親的意思，他笑著對管家說：「親愛的管家，你一直以來對我們家忠心耿耿，是最珍貴的財產，除了你，我什麼也不想要。」就這樣，瞠目結舌的管家和他夢想中的鉅額資產，依然全部留在了富翁兒子的身邊。

當困難暫時看上去堅不可摧時，與其飛蛾撲火硬碰硬，還不如保存實力、暫避鋒芒。隨著形勢的變化，困難在達到它的最高峰時必然會走向下坡，而你自身的能力也會從低谷中慢慢崛起，你要做的只是等待，儘量延長鋒芒的來勢，改變對比的時間長度。

## 在夾縫中學會生存

從前有一個左眼瞎、斷胳膊少一條腿的國王，天生殘疾的事實讓他始終抑鬱不解。眼看自己年事已高，他急切著想給自己畫一張肖像留給子孫瞻仰。

他先請來一位全國一流的丹青高手。只見他創思飛揚，落筆有神，不一會，一張栩栩如生的國王肖像躍然紙上，當然，畫中百分百真實地展現了國王的樣子，左眼瞎、斷胳膊少一條腿。國王看到自己畫中如此醜陋，盛怒之下將畫家斬首。

第二名畫家吸取了教訓，憑自己豐富的經驗將國王畫的英俊倜儻、完美無缺，國王看到畫中的自己不但雙目炯炯有神，而且四肢健全，孔武有力，再看看現實自己的模樣，覺得畫家是故意在諷刺自己，一氣之下將這個畫家也殺了。

第三名畫家知道自己不管是畫真實的國王還是完美的國王都難逃一死，急得如熱鍋上的螞蟻。求生的強烈願望使他的靈感忽然迸現：他畫了一張側面取景的國王狩獵圖，圖中披著皇袍的國王單膝著地，把獵槍扛在肩膀上向前方的獵物射擊。為了瞄準獵物，國王左眼合上，這樣就把國王的瞎眼和斷胳膊少腿等缺陷合理化的掩飾了起來，同時也充分張揚了國王威風凜凜的王者之氣。

國王看了這幅畫後非常滿意，不但沒有殺畫家，反而聘畫家為皇家御用首席畫家，急中生智的畫家從此享盡了榮華富貴。

人生在世，總會碰到一些看上去無法前進、卻又必須前進的難關。之所以無法前進，並不是前方是多麼艱難的險阻，只是我們還沒有找到合適的鑰匙而已。既然人生的單行道無法逆向往返，也無法重新選擇，反正退無可退，不如鼓足勇氣，找到屬於自己的鑰匙，另闢蹊徑地前進吧。

## 打蚊子何必用大木棍

盛夏的一天，父親和兒子結伴出行，烈日下的長途跋涉使他們大汗淋漓、筋疲力盡，於是他們便在路旁找了一片涼爽的樹蔭暫歇。

由於一路上風塵僕僕太過勞累，也可能年事已高，父親背靠在一塊石板上很快就睡著了。躺在樹下休息的兒子看到一隻蚊子正叮在父親臉上，貪婪地汲取著血液。兒子非常氣憤，立即掄起巴掌，準備打死這隻蚊子。可是沒等到他手靠近，被嚇到的蚊子立即就飛遠了，當他轉身離去不久，蚊子又盤旋在父親的臉上。

兒子想每次當他的手掌接近時，蚊子總會逃之夭夭。他想拿鞋子去打蚊子，轉念一想，鞋子這麼輕的東西，萬一打不死蚊子，蚊子反覆叮咬父親怎麼辦？為了斬草除根，他在旁邊撿起一根粗大的木棍，對準父親臉上用吃奶的力氣打了下去。結果，蚊子逃走，而父親卻被兒子一棍活活打死了。

凡事都要講究方式、方法，僅有一腔熱情換不來豐碩的成果。成功的關鍵在於恰到好處的用力，而不是沒有方向感的盲目施力。否則一昧迷信蠻力的話，浪費資源還是小事，不合適的用力導致誤傷自己而得不償失，那損失可就大了。

## 傻子做不了最愚蠢的事

某人自幼接觸了很多奇珍異鳥，自詡為能叫得出全世界任何鳥類名字，是無所不通的鳥博士。有一天他終於如願以償被國王邀請進皇宮，負責照料國王御用的百鳥園。畢竟是深宮內苑，聚集了數不盡的珍貴鳥類，鳥博士雖然見多識廣，能認得出絕大部分鳥類的品種，但仍然豢養一些珍奇的鳥類實在是鳥博士見所未見。但他無論如何也不願意承認是自己不認識，而是拿自己主觀的臆測來猜想他所不認識的鳥類名字。

有一天，皇宮新進了一隻來自邊疆的異類老鷹。老鷹奇異的造型使鳥博士一口斷定這是一隻鴿子。為了證明自己的結論正確，鳥博士剪去了老鷹犀利的爪子，削去了牠鋒利的鷹喙，並剪掉了老鷹身上不符合鴿子形像的多餘羽毛，總之，他按照自己腦海裡鴿子的標準努力地在改造老鷹。

被剪去爪子、尖嘴和羽毛的老鷹，果然和鴿子有幾分神似。鳥博士認為這證明了自己最初的結論完全正確，更加沾沾自喜起來。

總有人被先前的經驗教訓所束縛，喜歡先入為主的給某一件事下定論。而那些經驗教訓所構成的認知，不僅僅決定了這一次結論，更在以後的漫長歲月裡，不斷決定了他環境變化的感知能力。

其實本來發生的一些事情可以證明原來的結論是錯的，但是錯誤的認知又再次導致了對證據的錯誤理解，居然又能得出原來結論正確的判斷。可見，不驕不躁地建立一個完整而正確的認知體系是多麼的重要。

# 第八節：抓住重點，當機立斷

楚、漢爭霸時，之所以一開始實力明顯要強大得多的項羽最終輸給了弱勢的劉邦，和雙方的性格休戚有關。

劉邦當斷則斷，絕不含糊；而項羽婦人之仁，優柔寡斷。在這種情況下，即使起初機會比較偏向項羽，卻總是在項羽不斷地猶豫不決中偷偷溜走；而一開始機會比較少的劉邦，由於能當機立斷地掌握住每一個機會而得到了天下。

雙方實力對比就這樣悄悄產生著變化並不斷地累積，直到有一天，原來的弱勢劉邦，累積起足夠的力量，果斷地向原來的強者發出致命的一擊，項羽再想猶豫，命運卻不想再給他機會。

## 趁她還年輕時娶她

年輕時的哲學家才華橫溢，不知道迷倒了多少妙齡少女，但心志頗高的哲學家卻一個也看不上。直到有一天，結識了一位金髮披肩、氣質高雅的美女，一向孤傲的哲學家被眼前這位驚為天人的佳麗深深迷住了，但長時間從事哲學研究造成的矜持使他沒有立即追求美女，而若即若離的與之相處，終於美女失望的離開了。

哲學家仍然在是否追求對方這個問題，展開了詳盡而縝密的論證，他花了很長時間，查閱了大量的資料，把所有結婚有可能發生的好處和壞處全部羅列了出來，又把單身的好處和壞處全部羅列出來，然後再把結婚和單身的好處與壞處放在一起一個一個比對。哲學家思索了很久，還是沒想出個所以然來。

直到有一天，哲學家終於想明白一個道理。結婚是他未曾體驗過的行為，而單身是他早已體驗過的行為，如果兩者的利弊都差不多，他應該選擇那個未曾體驗過的行為。哲學家自認為找到了正確的答案，於是便高興的提著禮物到美女家中提親。推開房門，只看到美女的父親和三個孩子。哲學家畢恭畢敬地向老人家說：「您好，我想娶您的女兒為妻。」

父親冷冷地回答說：「對不起，你來晚了十年，她現在已經是三個孩子的母親了。」

機會固然只眷顧有準備的頭腦，但萬事光有準備是遠遠不夠的，還在於當機會出現時，要有胸襟和當機立斷的魄力。理論固然來自於實踐，但把一切問題都上升到理論的高度，以至於讓太多唾手可得的機會白白從身邊溜走，就很明顯有點得不償失了。

## 抓住水面的浮木

虔誠的傳教士正趕往城鎮主持彌撒，過橋的時候一不小心掉進了水流湍急的河裡。不諳游泳的傳教士並不急著盡最大的努力游向岸邊，而是急忙雙手合十，祈禱上帝快來救他。

很快河水灌滿了他的口腔和鼻子，他看到岸邊走過一名年輕人，只要他大聲呼喊一下，年輕人就會跳下水救他，但傳教士堅信上帝一定會來救他，而眼睜睜地看著年輕人走遠。

一個浪潮又把傳教士沖到了下游，他發現水面漂浮著一根一公尺長的浮木，只要他伸手把浮木抓過來，依靠木頭的浮力至少可以使傳教士隨波安全抵達某一個岸邊。但傳教士堅信上帝一定會來救他，而眼睜睜地看著浮木漂走。

一個更大的浪潮襲來，將傳教士和他的生命捲入了河底。傳教士的靈魂憤懣不平的質問上帝：「我是那麼信仰你，為什麼你在我最危險的時候不提供給我幫助？」上帝很奇怪的說：「岸邊的年輕人和水面上的浮木，都是我安排來救你的，是你自己拒絕接受，又能怨得了誰呢？」

有時候那些倒楣的人並不是時運不濟，而是機會早已出現在他們面前，而他們總是心猿意馬，沒有及時抓住機會而已。人生如此有限，經不起我們揮霍，也許隨著年齡的增長，過了這個村，就再也沒有下一個店了。所以趁我們還年輕的時候，儘量抓住每一個身邊的機會吧，即使它們看上去不怎麼完美。

## 先把大雁射下來再說

兩兄弟外出打獵，天空中一隻大雁由遠而近飛過來。哥哥邊張開了弓邊對弟弟說：「我要把大雁射下來，然後我們煮了吃。」「開什麼玩笑啊。鵝才是煮著吃的，大雁應該烤了才好吃啊。」弟弟不同意哥哥的看法。

哥哥放下了箭，很不服氣的和弟弟就大雁是煮了好吃還是烤了好吃展開了激烈的爭論，大家誰也說服不了誰，就來到村長面前請求他為此事做個公斷。

村長分別聽取了兩兄弟各自的理由，說：「這個問題解決起來很簡單，把大雁一分為二，一半煮了吃，一半烤了吃，不就皆大歡喜了嗎？」

兄弟倆對這個方案很滿意，連忙趕回到原來的地方，挽弓搭箭，可是大雁早已不知飛到哪裡去了，天空上只飄浮著一朵朵不能煮了吃也不能烤著吃的白雲。

當機會出現的時候，立即抓住它，要比對機會任何高深的理論分析都實在的多。任何的猶豫、思考在平時固不可少，但在機會出現的一剎那，都是多餘的。

# 第四章：

## 決定停留的時候

人與人之間共同的語言就是愛，沒有愛，我們無異等同於一個思想和行為上的啞巴，無法與人建立有效的溝通。但愛和其他的行為不相同，愛是一種交融，而不是一種交易。愛本身就是無價的貨幣，用愛，可以買到很多用錢買不到的東西。而愛，更可以從根本上提升一個人的心靈境界。

不論你有多少成就，不論你飛了多高、走了多遠，停下腳步，回頭看一下你愛的人，等一等愛你的人，陪他們歇息一下，喝杯茶吧。

# 第一節：贈人玫瑰，手留餘香

玫瑰園裡的泥土之所以芬芳撲鼻，並不是泥土本身有什麼香料，而是因為它和玫瑰相處久了，濡染了玫瑰的香味而已。

不要吝嗇花錢買一朵玫瑰給你的朋友，玫瑰的芬芳不但洋溢在對方的手上，更在自己心中的泥土裡紮根飄香。

愛就像一朵玫瑰，贈人玫瑰，手留餘香；愛又像一支燭光，你為別人點亮，自己也將看的更清楚。

## 把陽光填滿整間屋子

充滿睿智的哲學家把三個兒子叫到跟前，並交給他們每人一百元鈔票，讓他們分頭出去購買一樣東西回來，這個東西要能鋪滿家中那一百坪的倉庫，兒子們接過錢便分頭行動，不多久他們拿著各自買好的東西隨著父親來到了倉庫前。

第一個兒子花了一百元從農夫家買了十幾捆稻草，他費力地把所有的稻草全部平鋪開來，但只能鋪滿整個倉庫的三分之一；第二個兒子買的是幾十袋的衛生紙，他自信滿滿地把所有衛生紙全部打開，然後一張張平鋪開來，不過等他鋪完最後一張衛生紙時，還有三分之一的倉庫沒有被鋪到；大家都把目光投向第三個兒子，只見他手上只是拿著兩塊窗簾。在大家迷惑的眼神中，第三個兒子把兩塊窗簾分別掛在了倉庫內的兩扇窗前，並把窗簾拉上，倉庫裡變得一片灰暗。然後他又腳踩著樓梯爬上了靠近屋頂的地方，一把推開倉庫的天窗，明亮的陽光透過天窗的方寸之地灑向裡面，原本伸手不見五指的倉庫霎那間充滿了和煦的陽光。

**愛是普世存在的價值，它像陽光那樣普照大地，每個人都能沐浴在愛的恩澤**

裡；但愛同時又是無價的，你沒有辦法拿貨幣來衡量、來購買任何一種愛，當愛可以用錢買到，就已經失去了愛的本質。但愛可以交換，唯一的代價就是，你也要付出相同的愛。

## 請讓對面的人先過橋

紳士急著趕路，眼前是一條水流湍急的河，他沿著上面架著的那座只夠一個人走的小木橋前行。當紳士沿著橋走到一半時，迎面走來一位大腹便便的懷孕婦女。看著她步履蹣跚的模樣，紳士很有風度的倒走回了上橋前的岸邊。

等孕婦過完橋後，紳士又上橋前行，這次走到三分之二的地方，一位白髮蒼蒼的老爺爺牽著小孫子迎面走來。看著老人家慈祥的面容和小孩子天真的表情，紳士很自覺地再次回到了岸邊。這次紳士學乖了，他在岸邊多等了一會，又看到一些人從對岸走了過來，估計也許暫時不會再有人從對面過橋來了，才放心地再次上橋前行。不過在他快走到對岸時，一位農夫推著農車迎面而來，而此時紳士離對岸只有兩步之遙。

紳士有點不耐煩了，他彬彬有禮地問農夫說：「請問你是否可以讓我先過橋，你看我只要再前進兩步路就到了！」農夫狠狠地瞪了紳士一眼，斬釘截鐵地說：「那可不行，你沒看到我正急著到市場賣菜嗎？遲到了趕不上市集你負得起這個責任嗎？」兩人爭執不下，就請正好經過岸邊的和尚主持公正。和尚詢問紳士為什麼不讓農夫先行，紳士辯解道他已經讓過別人兩次，這次不能再讓了，因為他也要急著過橋。

和尚聞言，淡淡笑道：「我知道你也要急著過橋，但難道你和農夫爭到現在，就已經過橋了嗎？幫過別人一次，就不妨再幫一次，幫別人等於幫你自己。」

世界上沒有真正的敵人，所謂敵人，是我們把對方的利益和自己的利益對立了起來。其實既然愛是普世存在的價值，那麼人與人之間，從大的方面來講，利益基本是趨同的，區別只在於一些細枝末節上的小利益，讓一些小利益給對方，也許雙方都能得到更多的大利益。小利益和大利益比較起來，怎樣選擇，就要看你的胸襟到底寬廣到什麼地步了。

# 第二節：點滴之恩，湧泉以報

受人點滴之恩，自當湧泉以報，但對於別人給予的傷害，是否要有仇必報呢？

感恩的心是一劑情緒的養分，藏在心裡，可以滋潤乾涸的心靈；而仇恨只是一劑情緒的毒藥，藏在心裡，則會不斷吞噬體內健康的細胞。對於什麼該忘記，什麼該記得，不要用功利的眼光去衡量，只要看它是愛，還是恨。是愛的話，就讓它高匾在堂，是恨的話，就讓它隨風飄走。

## 隨風而去的壞心情

阿里是阿拉伯的著名作家，有一天他和兩位朋友吉帕和瑪莎結伴出遊。經過一條河邊時，吉帕和瑪莎為瑣事而爭執了起來，瑪莎一怒之下打了吉帕一巴掌，深感委屈的吉帕用樹枝在河邊沙石上狠狠寫下一行字：「某年某月某日，瑪莎打了吉帕一巴掌。」

三人繼續前行，瑪莎和吉帕互不理睬。天色漸暗他們經過一條崎嶇的山路，吉帕腳步一個踉蹌，整個身體向山下傾去。說時遲那時快，瑪莎伸出手臂緊緊拉住了吉帕的手，費盡了九牛二虎之力才把吉帕拉到了安全地帶。驚魂甫定的吉帕用水果刀在石塊上深深地刻下了一行字：「某年某月某日，瑪莎救了吉帕一命。」

事後阿里很好奇的問吉帕，為什麼把別人打他的事寫在了沙石上，而把同樣一個人救他的命而刻在石塊上。吉帕說：「別人打我的事刻在沙石上，因為一個浪潮打來，很快就隨風而逝；而把別人救我命的事刻在石塊上，是因為不管風吹雨打，感恩的心情將永遠存在

「嚴以律己，寬以待人」，這句話不是口頭上說說而已，它貫穿你整個的人生態度。一路上，總會有人鼓勵你或是貶低你，也總有愛護你或是傷害你，從完整的人生角度來講，對你這相反的兩方面評價，都是對你有意義的鞭策。感恩是一種情感，恨是一種毒素，我們絕不應該把毒素在心裡停留的太久。

## 分一半的水給你的敵人

十七世紀，丹麥和瑞典之間發生戰爭，慘烈廝殺後丹麥取得了勝利。一名疲憊不堪的丹麥士兵坐在戰場上休息，拿出身邊的水壺正準備要喝水，忽然聽到一陣輕微的求救聲，循聲望去，原來不遠處躺著一名傷痕累累的瑞典士兵，長時間的爭戰和缺乏足夠的食物已經使他看上去奄奄一息。「你比我更需要這壺水。」丹麥士兵沒有多想，就把手中的水壺遞給了瑞典士兵。沒想到瑞典士兵喝了幾口，才恢復了一些元氣，居然拿起身邊的長矛向丹麥士兵刺去。躲過長矛的丹麥士兵搖搖頭嘆息說：「原來想把一壺水全給你喝，現在看來只能讓你喝一半了。」

後來丹麥國王知道了此事，特地召見了這名士兵，帶著質問的語氣質疑他當時為什麼不一槍殺了那個忘恩負義的瑞典士兵。「尊敬的陛下，我不能殺受傷的人」，丹麥士兵彬彬有禮地答道，語氣中帶著輕鬆。一個士兵居然有如此人性博愛的胸襟，國王聽後慚愧的滿臉通紅。

也許一分鐘前你們還各為其主，在戰場上如仇人見面、分外眼紅。但當硝煙散盡，和平鴿重新在藍天下飛翔，請收起彼此心中的仇恨，把陰濕的心情拿出來在陽光下曬乾。利益不會永遠是你們的主人，愛才會一直牽引著你們向前。

# 第三節：利人利己，創造雙贏

世上應該沒有人來到這個世界的目的就是與你為敵，之所以你們暫時感覺彼此有利益衝突，無非是因為雙方都沒有適當調整好方向，導致偶爾撞車而已。

不要急著和對方爭個明白，你們不妨心平氣和地坐下來，想一想哪一條路才是最適合彼此共同走的，而在這條路上，大家又可以互相幫助？

對大家來說，找到一個共同的利益點，並以此為基礎攜手同行，要比相互制肘有效的多啊！

## 分好一鍋七個人的粥

七個鄉下人結伴來到城市打工謀生，並共同居住在一間屋子裡以節省生活開銷。一開始的日子比較艱苦，他們每天的伙食費只夠熬一鍋粥，而區區一鍋粥根本不夠七個正值壯年的人分，於是他們就想出了很多分粥的方案。

第一個方案是一週七天，每天一人輪流分粥。這個看上去很公平的規則實行起來卻不怎麼管用。每個當日分粥的人總是下意識的給自己分一碗最豐厚的粥，而導致其他六個人都只能分到很少量的粥。眼看輪流坐莊的方案不可行，對彼此各不信任的他們只能對外聘請了一個道德高尚的人來主持分粥。由於決定每個人肚子問題的權力集中到一個人身上，於是大家又分頭挖空心思去拍這個分粥人的馬屁，把整個小團體搞得勾心鬥角、烏煙瘴氣。七人又決定組成一個三對四的分粥委員會，每天就如何公平分粥的事宜進行詳細而全面的討論。這樣貧富不均的現象倒是減少了些，但由於每天雙方開會討論的時間實在太長，等到大家饑腸轆轆準備吃粥的時候，粥早已涼了。

這樣折騰了許久，他們還是回到原點，決定每天一人輪流分粥。不過和原先稍有不同的是，分粥的人不能決定自己拿哪一碗粥，而必須等其他六人拿完粥之後，自己才能拿最後剩下的那碗。這樣一來，每個分粥的人為了避免自己到最後得到的最少，總是儘量在分粥時做到公正平均。從此七個人每天都喝到了令自己滿意分量的粥，不再為此而爭執。

真正有效的管理制度講究的是恩威並濟。說教只是讓演講者自己很滿意，對聽眾除了叛逆心理，其實一點用也沒有。有一種無聲的語言，它道出了人內心普遍存在的感覺，讓人覺得感動而不肉麻，而自覺地如演講者所願，將自己的利益和團體的利益掛鉤，這種語言，我們稱之為合理的分配制度。

## 記得把水壺裝滿

旅人在沙漠中迷失了方向，已經好幾天滴水未進，瀕臨死亡。還好他沒有放棄求生的意願，在指南針的幫助下始終朝著綠洲的方向前行，終於來到一間破落的屋子前。房子已久無人居住，陳舊不堪，旅人步入其間，驚喜發現屋中有一個抽水機，這對早已饑渴難忍的旅人來說無疑是久旱逢甘霖的恩賜！旅人如獲至寶地跑了過去，卻想不到不管他怎麼用力扳動把手，抽水機依然一滴水都沒有流出來。

大失所望的旅人垂頭喪氣的出門。忽然，他餘光掃到屋子的另一角有一個水壺。他急忙跑過去撿起水壺，抹去了上面的灰塵，發現水壺瓶蓋旁帖了一張小紙條，上面寫著：「請將此水壺中的水全部倒入抽水機旁的儲桶裡，你將能從抽水機裡抽出大量甘甜純淨的水。不過，喝完後請記得再次把這個水壺灌滿。」

旅人打開水壺，裡面果然裝滿了足可以暫時止渴的一壺水。但他心裡激烈的掙扎著，是把這壺來之不易的水倒入抽水機旁的儲桶裡，換取不知道到底有沒有的水？還是先把這壺水喝完再說？畢竟先喝完這壺水能暫時解決饑渴問題。

反覆思索之後，旅人還是決定將水壺裡的水全部倒入抽水機旁的儲桶裡。果然沒有令他失望，當他把水壺裡的水倒入抽水機旁的儲桶裡，扳動把手時，抽水機的出水口湧出了大量甘甜純淨的水。旅人走上前去，酣暢淋漓地喝了個痛快，將多日以來饑渴引起的疲憊一掃而去。

但是，在他離開屋子之前，為了不耽誤時間，他並沒有把水壺灌滿水放在原來的地方；數月之後，旅人回程時一樣經過此處，一樣面對無水的困窘，但是，當他再次踏入這間破舊的屋子時，眼前只見數具屍骨和一個空的水壺，字條仍在，旅人的來到只是讓這裡的屍骨多了一具。

人性總是偏向利己的，沒有誰有道德立場去要求別人捨己救人。但當自己的利益和別人的利益基本趨同，對立的只是自己的小利益和大利益時，果斷地放棄自己的小利益，而保全自己的大利益，不但現實上獲益更多，更在道義上獲得了公眾的支援，又何樂而不為呢。

## 第四節：誠實坦率，問心無愧

天下沒有不通風的牆，再精美的謊言也只可以蒙蔽一時，卻無法遮掩一世。用謊言購買的成功是廉價的，也是經不起事實驗證的。

更何況，當你決心以謊言者的形像自立於眾人前，你也將離真實世界越來越遠。當你的謊言被戳穿，虛無的成功化成泡影時，已經沒有人，再願意把自己的真實呈獻給你。

## 趁畫像只值一萬元時買下來

富翁經過一間狹小的畫室，裡面幾幅畫工精良的作品吸引了他的目光，他走進去對畫室的主人，一位還未成名的年輕畫家說：「小伙子，你幫我畫一幅肖像，完成後我給你一萬元。」

幾天後，畫家請富翁來畫室看作品，富翁看到畫中栩栩如生的自己十分滿意，但商人與生俱來的自私又湧現在腦中：「這是根據我長相來臨摹的肖像，除了我沒有別人會願意花任何一分錢來買這幅畫，我為什麼要花一萬元來買呢？」於是他對畫家說：「畫我看到了，覺得不值一萬元，而只值一千元。」

「但你當初和我說好是一萬元啊！」畫家驚呼。

「不用再多說了，一千元賣不賣？多一個子也不給，反正我不買，也沒有別人會買。」富翁語氣裡充滿了鄙夷。

年輕人感覺遭受了極大的羞辱，他斬釘截鐵的說：「我情願一分錢也不要，也不能把這幅有我心血的畫以一千元的低價賣給你！」

幾年後，在一次聚會上，富翁的朋友隨口說道：「我前幾天看了一個剛成名的畫家舉辦的畫展，畫家的成名作—《賊》，臨摹的肖像居然和你長得一模一樣，難道有長得如此相像的人嗎？」

富翁半信半疑地來到了朋友所說的那個畫展會場，一看原來這位新成名的畫家正是幾年前不肯以一千元賣畫的年輕人。原來年輕人在遭受富翁羞辱後發奮圖強，經過幾年的刻苦努力，終於成名。富翁漲紅了臉，把這張以自己為臨摹物件的《賊》買了回去。不過這次，他花了一百萬元。

沒有人會主動做虧本的買賣，自食其言的人也一樣。當然，當他們決定撕毀原來的承諾時，他們一定堅信他們這樣做的結果，一定利大於弊，否則為什麼不願意成為守信承諾的君子呢？但越來越多的事實證明，不守信用的人，不但最終達不到他們撕毀承諾時想要達到的目的，更犧牲了自己在眾人面前能產生的利益，實在不是一筆划算的買賣啊！

## 兌現吹笛手的一袋金幣

哈姆倫市內鼠患肆虐，嚴重影響了城市的正常運作。焦慮不安的市長遇到了一位神秘的吹笛手自稱可以消除鼠患，市長恭敬的邀請他為城市解除鼠患，代價則是一整袋金幣。

穿著花衣的吹笛手在河邊吹起了悠揚的曲子，抑揚頓挫的旋律如魔咒般吸引了老鼠們，在笛聲中變得失魂落魄的老鼠居然一隻隻自己跳進了河水中淹死。

沒想到鼠害消滅得如此容易，市長開始後悔當初給吹笛手一袋金幣的承諾。他藉口老鼠們是自己跳進河水中的，和吹笛手完全無關，想抵賴掉一整袋金幣的報酬。

沒過幾天，依然一身花衣的吹笛手又在河邊吹起了另一支曲子。市長的孩子們聽後如失智般地彼此手牽著手依序走進了河中，直到河水把他們的頭頂完全淹沒為止。

誠信是一個人立足社會最基本的語言，不會誠信這個基本語言，在其他領域怎麼能說善道，總是逃不出失敗的牽絆。而當今是一個資訊越來越發達的時代，沒有誰可以再存有言而無信後逃脫懲罰的僥倖心理。命運的懲罰也越來越即時，即使暫時逃脫，自食其言的人終將受到命運的懲罰。

## 我不是英雄，我只是幸運者

在美國對伊拉克發動的第二次戰爭中，女兵林奇所在的部隊被埋伏在暗處的伊軍擊潰。林奇的隊友被全部擊斃，而她本人則被捕，並在伊軍監獄裡受盡了折磨。

當時大家都認為林奇和戰友一起犧牲了，身為第一位在伊拉克戰場上犧牲的女兵，林奇獲得了國際輿論的廣泛同情和深刻悼念。美軍攻佔巴格達後，把囹圄中一息尚存的林奇救了出來，死裡逃生的林奇成為一個美國媒體乃至全球輿論共同關注的焦點和傳奇。

林奇返回美國本土時，受到了美國民眾如英雄般的歡迎。在一個全國性媒體舉辦的記者招待會上，主持人請林奇上台給大家講講在和伊軍交戰時，她是怎麼英勇作戰，寧死不屈的。這個媒體為了商業需要，早已把林奇宣傳成一個和敵人頑強抗爭的巾幗英雄。站在講台上，林奇冷靜而果斷地說：「當時我們小隊遭到敵人突擊，戰友們猝不及防都犧牲了，而我剛想開槍時就被擊暈了，醒來時就發現被關在監獄裡。我需要強調的是，我沒有向敵人擊發過一顆子彈。」

在大家的屏息凝聽中，林奇進一步總結說：「我不是英雄，我只是個幸運者。」

但人們依然將誠實正直的林奇當作是美國偉大的英雄。

英雄並不侷限於在戰場上奮勇廝殺，更有一種英雄，他也許在硝煙彌漫的戰場上默默無聞，但在另一個戰場，他一樣是令人尊敬的英雄。在這個戰場上，對手不是拿著先進武器的敵人，而是貪婪、自私以及膨脹的虛榮心等各種人性陰暗面，能夠戰勝這些陰暗面，他就是一個英雄。

## 第五節：彬彬有禮，優雅生活

紳士和匹夫的區別並不在於他們的穿著或是財富，而在於他們對待生活的態度。生活對每一個人都是公平的，每一個人、每一種生活各自精采不同，區別就在於每個人對生活的看法不同。

真正的紳士其實很簡單，微笑著面對敵人，就已經足夠了。而天堂其實也不遙遠，就在你微笑面對風雨的時候，你的心靈就足以使那些想讓你低頭的風雨汗顏。

## 半分鐘前才學會騎車

英國前首相丘吉爾卸任後不再過問任何政事，退隱鄉野，過著天馬行空、自由自在的日子。有一天丘吉爾騎著腳踏車悠閒地倘佯在鄉間小道上，沿途秀麗的自然風光盡入眼簾，使他心曠神怡。

忽然一位中年婦女騎著腳踏車迎面撞來，丘吉爾急忙剎車，還是閃躲不及，兩輛腳踏車撞在一起，兩個人同時跌倒在地。還沒等丘吉爾反應過來，中年婦女就坐在地上指著他破口大罵：「你這個死老頭子，難道眼睛瞎了不成，你到底會不會騎車啊？」

丘吉爾從地上站了起來，拍了拍身上的灰塵，微笑著對中年婦女說：「我的確騎車騎得不好，所以才會被你撞倒，真是抱歉。看你騎車的技術如此嫻熟，一定已經學會騎車很多年了吧。」

中年婦女此時仔細一看，才發現眼前這位被自己罵為死老頭子的男士，居然是鼎鼎大名的前首相丘吉爾，羞愧得滿臉通紅，她支支吾吾地答道：「不，不，我剛剛才學會騎車，就在半分鐘前，是你教會了我騎車。」

犀利的寶劍可以要了英雄的命，卻征服不了英雄的心。因為人的內心是多麼複雜的東西，內心有愛、有情、有信念，也有很多千軍萬馬抵達不了的地方。有時候，一個微笑、一個優雅的表情，就是愛的表達，有強權和金錢無法比擬的力量。

## 天堂就在你的一念之間

老僧在路旁靜坐修行，雙目緊閉，盤腿而座，雙手上下而握置於衣襟之下，思索著禪的奧妙。忽然，一陣急促的馬蹄聲由遠而近，不一會，老僧耳邊響起一個魯莽、嘶啞而急切的男聲：「和尚，天堂和地獄的奧秘到底是什麼？你快告訴我。」

老僧定睛一看，眼前是一個執劍武士，他和他的馬一樣，泥濘不堪、憔悴異常。老僧沈默不語，只是嘴角露出淡淡微笑，武士則在一旁坐立不安，彷彿熱鍋上的螞蟻。

「先看看你自己，渾身泥濘而衣衫不整；再看你的劍，上面污水橫溢、鏽跡斑斑；你父母生下來就把你打扮成現在這個小丑樣，就憑你也想知道天堂和地獄的奧秘？」

武士聽完後氣得暴跳如雷，頭上的青筋一根根地凸現了出來。盛怒的他倏地一下拔出了寶劍，對準老僧的頸部就要砍去。老僧依然眼睛閉著，靜思修禪，只是在劍峰快要抵達頸部的時候，老僧才說了簡單的五個字：「這就是地獄。」

武士剎那間明白了眼前這位高人，是拿自己為代價來告訴自己什麼是地獄，肅然起敬的他把劍持在半空中，充滿敬仰地凝望著老僧，眼中溢滿了感激的淚花。「這就是天堂」，老僧依然不急不徐地說。

天堂和地獄的區別不在於豪華或簡陋的外部環境，也不在於天上地下的地理差別。甚至可以說天堂和地獄本來並無區別，因為它們根本是同一回事，就是你身處的這個外部世界。之所以會有天堂或地獄的不同理解，是區別在每個人內心對周遭世界的不同感知，是征服了心中的魔障，還是被魔障所征服。

## 拒不接受的禮物不屬於你

佛陀行走在崎嶇不平的山路上，邂逅了一位路人。路人以前有親人在出家時不幸溺水去世了，因而心中對和尚充滿了偏見和仇視。

路人一直尾隨著佛陀，並不停在佛陀耳邊進行著惡毒的辱罵和詛咒。佛陀始終微笑不語，只管自己默默向前趕路。路人以為佛陀心虛，更加趾高氣昂的指責起佛陀的種種不是，甚至把發生在其他人身上的各種錯事，也一股腦全部算在了佛陀頭上，一時罵得口沫橫飛，好不痛快。看到佛陀依然像縮頭烏龜一樣不回一句話，路人氣呼呼地說：「你這個膽小鬼，難道面對我的指責，連一點點反駁的勇氣都沒有嗎？」

佛陀回頭望著路人，微笑著問道：「你送一樣東西給別人，而對方拒絕接受，那麼這個東西屬於誰？」冷不防的回答讓路人嚇了一跳，他愣了愣之後說：「既然對方沒有接受，當然還是屬於我自己。」

「那就對了，你把你的辱罵和詛咒送給我，而我並沒有接受，因而這些辱罵和詛咒還是屬於你自己。」佛陀輕描淡寫地說。

被瘋狗咬了當然不是件愉快的事，但難道以牙還牙咬回瘋狗，你的心裡就會好受了嗎？而傷口是什麼？傷口只是別人給的恥辱，自己堅持的幻覺，當你自己以豁達的心情看待別人給的恥辱，而不再堅持自己所謂的幻覺，那麼所有的恥辱，都屬於原來把它給你的人。

# 第六節：居安思危，未雨綢繆

禍兮福所，福兮禍所棲；否極總會泰來，樂極總會生悲。誰都無法避免自己人生的低潮，別忘了低潮也是完整人生的一部分。

之所以有人陷入低潮中一蹶不振，是因為一來他們陶醉於眼前的歌舞昇平，而沒有把挫折看成將會發生的必然；二來也因為完全沒有做好應對未來困境的準備。

也有人反而從挫折中再創高峰，並且越挫越勇，也是因為一來他們對困境有比較客觀的認識，並及早做好了準備。

## 老鷹的第二次生命

據說老鷹是壽命最長的鳥類，牠可以活到七十歲左右，但並不是每一隻老鷹都能活到這麼久，在老鷹四十歲的時候，牠必須做出生命中最困難而痛苦的選擇。

老鷹四十歲時，爪子不再像年輕時那麼鋒利而有勁，常常抓不起其實並不那麼沈重的食物；尖喙也變得又長又彎，幾乎可以碰到自己的胸膛；而牠的翅膀似乎再也托不起沈重的身軀在天空上停留很久。老鷹必須做出一個抉擇：要麼活活等死，要麼經歷一場十分痛苦而漫長的蛻變和更新，牠才能繼續生存下去。這是一個極其考驗體力、耐力和意志力的漫長過程，老鷹必須竭盡全力飛到山頂，並在懸崖築巢，停留在那裡不能飛翔，然後開始長達一百五十天的痛苦蛻變。

老鷹首先要把自己的尖喙不停地往岩石上砸，直到舊喙完全脫落，經歷數十天的劇烈疼痛之後，新喙才會從傷口那裡重新長出來。

更痛苦的蛻變還在後面，老鷹必須用新喙把自己舊指甲一根根拔光，十指連心，等把所有的指甲全部拔光，老鷹早已疼得肝腸寸斷，但為了未來還能長久的生存，老鷹忍耐了下來。

等再過幾十天，老鷹再用新長出來的指甲把身上的舊羽毛全部拔光，為了生存得更好，老鷹使自己成為一隻光溜溜的禿鳥。

又過了幾十天，老鷹全身上下長出了新毛，從此牠又可以在藍天白雲下重新生活三十年。

人生就像一條開口向下的拋物線，年輕的時候不斷往上走，到達了巔峰時期時，就開始緩慢的下坡，盛極必衰、榮枯有數是一種無法迴避的自然。無論是上升還是下滑，都是完整人生的一部分，我們不但要以平和的心態去面對這種轉變，更要在轉變到來之前，做好心理和物質上的準備。

## 空閒的時候多磨牙

這是一個風和日麗的下午，野狼在草地上努力地磨著自己的牙齒。

狐狸路過很好奇的問道：「狼大哥，你看現在草原上是如此的安詳而寧靜，你即使不來和我們一起遊戲玩耍，也可以躺下來曬曬太陽，為什麼這麼辛苦自己磨牙呢？」野狼磨著牙，頭也不抬的答道：「草原上隨時會有獵人和兇殘的獵狗來捕捉我，森林裡也有老虎虎視眈眈，我要磨尖我的牙齒隨時保護自己。」狐狸搖搖頭走開了。

等到天色已晚，野狼還在那裡不知疲倦地磨牙。狐狸實在忍不住再次勸說：「快和我們一起參加晚間舞會去吧。獵人已經帶著獵狗回家了，老虎也已經回去休息了，你已經沒有危險了，何苦老是這樣辛苦自己呢？」

野狼歇了口氣說：「我磨牙不是為了娛樂，而是為了以後可能出現的危險預作準備。等到老虎和獵人出現在我面前的時候，我再磨牙可就來不及了。而利用現在比較安全的時候認真磨牙，等危險出現的時候就可以做有效的抵抗了。」

達爾文適者生存的法則，在人類社會中同樣是打不破的定律。社會在激烈的競爭中優勝劣汰，從而保持著整體向上發展的趨勢。不管你處在社會食物鏈的那一層，你都要時時刻刻準備著，你的敵人隨時隨地都會來侵犯你的利益。與其臨時抱佛腳，還不如平時多燒燒香。

## 提醒別人的時候別忘了自己

有一個流浪漢無家可歸，每天棲息在路旁的一面牆下。細心的他發現牆上已經出現了一道細微的裂痕。

於是他便向路人高喊：「牆有裂痕，快要倒了。大家快來幫忙修牆啊！」可不管他喊得多麼得聲嘶力竭，路人都只是把他當一個瘋子，沒有誰來理會他，也沒有人走近觀察一下牆是否有了裂痕。

裂痕越拉越大，隨時都可能倒塌。流浪漢甚至站在了馬路當中，高喊：「牆要倒了，大家來幫忙修牆啊！」雖然應者寥寥，但好心的流浪漢想即使不能修好牆，至少也能提醒人們儘量不要靠近這面已經很危險的牆，可惜的是，實在是沒有多少人理會他的好意。

晚上，叫了一天聲嘶力竭的流浪漢回到牆前，靠在牆角不知不覺的進入了夢鄉。子夜時分，裂縫越來越大的牆終於轟然倒塌了，這個一心提醒別人這面牆危險的人卻忘了提醒自己，可憐的流浪漢在睡夢中被塌下的磚石活埋了。

未雨綢繆的態度只是適者生存的先決條件，態度本身抵禦不了任何現實的風雨，它需要你付諸真正的行動。而且防患於未然，並非只是要你總在嘴上碎碎念，危險就會嫌你囉嗦而離你遠去。危險是現實的存在著，你固然要提醒別人，更要提醒你自己；固然要白天提醒，晚上也經不起一絲一毫的大意。

# 第五章：決定人生的態度

人，自欺就會欺人，欺人就會自欺，曾經有人說過，說一個謊話就需要再說一百個謊話來圓這個謊；言而無信，為什麼？為了眼前的利益，可曾想過你，已經輸掉了更重大的利益。

人生並不是只有金錢或是名利，但是金錢和名利很重要，你可以合理取得，如何稱為合理？基於誠信就是合理，即使名利都得不到或已經失去，你仍然還有你自己、朋友、親人，機會會再來，你仍然是幸福的。

「信」包括無私的誠信、崇高的信譽和不羈的信念。人固然可以不依賴信而活，卻可能因為信而為人唾棄，因為信譽不佳而人見人怕，而總是被命運擊倒，從而註定無法活得精采。在我們年輕時，我們也許還可以縱容自己的無「信」，但當我們走入而立之年時，沒有人會再像父母一樣無條件地寬容我們，我們只有靠自己有信，才能贏得這個世界對我們的承認和尊重。

## 第一節：不卑不亢，相信自己

每個人的真實總是客觀的存在著，不會因為別人的誇獎或貶低而有增長或減少。而對自己來講，在客觀環境執行任務的困難度也總是那樣客觀的存在著，不會因為你自己的樂觀或悲觀而有增長或減少。

既然如此，人除了要認清自己的實力之外，更要清醒地認識客觀環境的嚴肅性，不得有半點的自以為是。

## 把石頭拿到珠寶市場去賣

米克從小父母雙亡，無依無靠，更糟糕的是，快三十歲了還依然一事無成。對前途感到一片茫然的他來到智者面前諮詢未來的出路。智者說：「你明天拿一塊石頭到市集上叫賣，不用多久你就會收穫成功。但切記，不管別人出多少價，你都不要賣掉石頭。」

米克在路邊隨便撿了一塊普通的石頭，第二天來到市集叫賣。第一天、第二天都無人問津，第三天有人陸陸續續的問起了價錢，米克總是說對方價錢開的太低而不賣，到第四天傍晚，這塊石頭的價格已經很高了。

智者又說道：「明天起拿這塊石頭去玉器市場賣，無論什麼價格也不要賣。」在玉器市場，米克和他的石頭一開始兩天也少有人注意，到第三天則有一些人來問價錢，米克總是嫌價低而不賣。

到第四天，石頭的價格已經飆升到遠遠超過普通玉器的水準。

人的價值不只在於自我評定，也不只在於外在環境對你的綜合評定，而在於將自己的內在實力，透過一定的方式，在外部環境得到實現。方式不同，會直接導致你能夠實現價值的迴異，因而當別人對你評價不高的時候，請不要對自己失去信心，換一種方式，來實現你真正的價值吧！

## 雞窩裡也能飛出鳳凰

父親帶著男孩參觀梵谷故居，看到佈滿灰塵的小木床和破落不堪的舊鞋，男孩疑惑不解地問說：「為人敬仰的大畫家梵谷，不是腰纏萬貫的富翁嗎？」父親搖搖頭說：「不，他只是一個連老婆都沒娶到的窮光蛋。」

幾天後，父親又帶著男孩去丹麥參觀了安徒生故居，看到眼前擁擠而平凡的小閣樓，男孩難以掩抑心中的困惑說：「能夠寫出曠世巨著的安徒生，難道不是住在豪華的皇宮裡的嗎？」父親搖搖頭說：「不，這座小閣樓就是他的家，他只是鞋匠的兒子。」

男孩的父親是一名船員，經常帶著男孩周轉在大西洋沿岸的各大港口。男孩的名字叫伊東布拉格，是第一位獲得普利特新聞獎的黑人。時隔多年，伊東布拉格在回憶往事時，還沒有忘記父親從小給自己的教誨，是父親讓他明白，黑人也有英雄。出身卑微也可以成為偉人，物質貧窮也可以造就精神上的富翁。任何時候，都不要對自己失去信心。

住在簡陋草屋或是瓊樓玉宇，並不是決定是否產生鳳凰的必要條件。只要環境合適，雞窩裡也能飛出鳳凰。「梅花香自苦寒來，寶劍鋒從磨礪出」，這兩句話我們都很容易理解，為什麼就不進一步想到，正因為起步階段的艱難困苦，坎坷泥濘，才歷練出成功者的百折不撓呢。

## 不要超過你的極限

為了慶祝又一個春暖花開的季節到來，森林裡舉行以「大」為主題的競賽，各種飛鳥走獸全部集中在了森林中間的一片開闊地上準備比賽。

首先上場的是犀牛。犀牛步履蹣跚卻渾厚有力地抖動著牠那龐大的身軀，引起了百獸們的齊聲喝采；森林之王獅子緊接著出場。牠如一陣旋風般將自己魁梧的王者身軀帶到了百獸面前，發出了振耳欲聾的河東獅吼，百獸們異口同聲地說：「好大！好威風！」大象踏著雍容而緩慢的腳步進入了百獸的視線。犀牛與獅子和大象的體積比起來，實在是相形見絀，獸間發出了震耳欲聾的歡呼聲：「大象！百獸中最大的動物！」

此時，青蛙滿心不服氣地跳到了中間，拉大了嗓門嚷著說：「大家安靜下來，看看我的本領，其實我才是動物中最大的！」

還沒等聽者反應過來，青蛙就在百獸們的瞠目結舌中自顧自地躺在了一塊石板上，並不斷的鼓帳自己白白的肚子。眼看青蛙的肚子越來越大，已經到達了極限，青蛙的臉也已經漲得通紅，好心的八哥飛到青蛙耳邊說：「別再鼓氣了，你的肚子已經漲到極限了。」青蛙滿臉不屑的撇了八哥一眼，反而更進一步對肚子鼓氣。沒過多久，正在百獸們的竊竊私笑時，只聽「啪」的一聲，由於鼓氣過了自己的極限，青蛙的肚子脹爆了。

每個人都要對自己的能力有個客觀的了解，盲目的自負和自卑，都是要不得的。相對而言，自負比自卑更致命，因為自卑無非剝奪了你進取的勇氣，但它讓你安於現狀，對你的人生還不至於有太大的危險。而盲目的自負則會將自己無限放大，把困難無限放小，而讓你在與現實的碰撞中頭破血流。

## 十減一等於九

某一家享譽全球的公司招聘一名金融主管，主考官給聞訊前來的應聘者出了一道看似很簡單的題目：「十減一等於幾？」

有人神秘兮兮的在主考官面前低語：「十減一等於幾並不重要，重要的是你認為它等於幾，它就等於幾。」

更有人自作聰明地答道：「這是一個很深奧的金融命題，十減一等於九時，它是消費；十減一等於十二時，那是投資經營；十減一等於十五時，那是貿易；十減一等於二十時，那就是金融。而當十減一等於一百時，那就是很明顯的賄賂。」

令這些人大失所望的是，不管怎麼絞盡腦汁，竭力表演，他們都被無情淘汰了，而一位長相平凡的人成為了最後的幸運者，大家都很好奇他是寫出了怎麼驚天動地的答案才打動了主考官，這個未來的金融主管冷靜地說：「我的答案就是，十減一等於九。」

任何時候都不要自作聰明的把簡單的事情複雜化，因為生活本來就是一道很簡單的試題，不是那麼複雜的運算題。只要你認真踏實做好這道題，答案不會讓你失望到哪。而如果你盲目自信，把問題想得很複雜，你的人生也將從此攪成一團，變得沒必要的複雜。

## 第二節：善待失敗，走向成功

人生就像一場自我和命運的持久戰，有時一帆風順；有時寸步難行。順利的時候固然要不驕不躁，遭遇挫折時也無需自怨自艾，喪失信心。

命運並不是你想的如此神奇，只要你冷靜思索，你會發現，其實你就是命運之神。

## 為會飛的馬活著

某人犯了欺君大罪，按照當朝律法，他將被立即凌遲處死。年邁而仁慈的帝王在最後判決前諮詢了一下犯人：「在你生命即將終結之前，你還有什麼未完成的願望需要實現嗎？」

有著強烈求生慾望的犯人立即就回答說：「我不敢再有任何奢望，我唯一覺得遺憾的就是我現在一死，就沒有人能把陛下的寶馬培養成會飛的良駒了。」

「難道你能夠讓朕的寶馬飛起來？」帝王眼神流露出一絲好奇。

「當然！我不但能使陛下的馬飛起來，還能夠讓陛下坐在馬背上自在遨遊在藍天白雲間！不過，我需要一年時間。」犯人斬釘截鐵的答道。

「那好，我現在赦免你的死罪。如果你一年內能讓我坐在馬上飛起來，我還可以讓你做大官。但如果屆時不能飛起來的話，你將面臨更加殘酷的死刑，你願意這樣做嗎？」帝王徵求犯人的意見。

毫無疑問，犯人當然接受了帝王提出赦免自己死罪的條件。

在往後的時間，犯人藉著為國王培育飛馬的理由，無憂無慮靠吃皇糧過著自己想過的日子。結果不到一年，年邁的帝王就因病去世了，而新皇帝即位後，欺君之罪從此再也沒有人提起。

當災難已經發生且不可更改，我們要做的不是坐以待斃，而是盡可能減少損失，並堅持到自己東山再起的那一刻。和第一次創業相比，跌倒後再次爬起，其實你擁有的財富比第一次更多，因為你已經擁有了原先不曾擁有的經驗和教訓，它教會你不會在同樣的地方跌倒。

## 學會讓長線變短

一名曾獲得冠軍的拳擊手沒想到自己會在陰溝裡翻船，自詡天下無敵的他居然輸給名不見經傳的新人手下。在經歷了一場慘敗後，他記取經驗教訓，他發現雖然自己的進攻能力依然十分銳利，但對手卻總能輕易避開，而對手的反擊往往更能一招致命，直接擊中自己。

不甘失敗的他來到教練面前詢問自己的短處到底在哪。教練什麼也沒回答，只是叫拳擊手拿樹枝在沙地畫了一條直線，並告訴拳擊手，在不能對直線有任何改變的前提下，讓直線變短。拳擊手拿著樹枝在直線旁繞了半天，不管他怎麼比畫，都無法在不修改直線的前提下讓直線變短，一籌莫展的他再次向教練求教。

教練拿著樹枝在直線旁邊畫了一條更長的直線，與這條新畫的直線比起來，原來的直線顯得短小而不起眼。拳擊手忽然間明白了道理，回去後加強訓練，沒多久，能力大幅增長的他終於擊敗了對手，再次成為了冠軍。

沒有誰可以保證自己永遠一帆風順、長盛不衰，也沒有誰註定就是永無出頭之日。機會總是很均衡地降臨到每一個人頭上，因此失敗時請不要自怨自艾，也不要光顧著找對手的缺點，真正擊敗你的是你自己，把時間都放在提高自己吧，在你不斷進步的時候，對手如果忽視了你，他也會被你趕上。

## 火災時別為你的珠寶哭泣

南宋紹興十年間，首都臨安城區忽然發生一場火災。火勢迅速蔓延開來，很快的市區商鋪房屋陷入一片汪洋火海中，頃刻間化為烏有。火災吞噬了很多的店舖，包括一位裴姓富商的珠寶店。自小清貧的他靠著努力打拚才在臨安鬧市街區開了幾家珠寶店，好不容易站穩了腳跟，卻遭遇這場飛來橫禍。

眼看大半輩子的心血就要全部付之一炬，富商並不急著叫人衝進火場盡可能的多救出些珠寶，而是指揮若定安排家人和僕人有條不紊地撤離到安全地帶。大火撲滅後，富商先隨便找了個地方歇腳，立即就派人到長江中上游採購大量的木材、石料和磚瓦等建築材料，家人問他為什麼不先花錢重新買一家黃金地段的商鋪，富商總是笑而不答。

沒過多久，朝廷下令重建臨安，並有官方出資承建大多數被燒毀的建築，建築材料一下子在臨安變得洛陽紙貴。富商見時機已到，就向外高價拋售木材、石料和磚瓦，很快就被搶購一空。富商拿著迅速回籠的資金在原來店鋪的位置又建造了幾棟更豪華的珠寶店，而他利用建築材料賺到的錢，遠遠大於喪失在火災裡的珠寶。

既然損失已經發生且不可挽回，那麼再多的眼淚也於事無補。但任何一種災難，都會引起利和弊兩方面的變化，我們不應該只侷限在災難給我們帶來的傷害上，而應該冷靜地觀察，這場災難給原有的環境造成了哪些對我們有利的變化，與其為已經發生的損失哭哭啼啼，還不如為將要發生的崛起早做準備。

## 第三節：樂觀豁達，笑看風雲

人生不如意事十之八九，沒有人可以一帆風順的穿越人生所有的歷程。笑看風雨，期待風雨過後絢爛的彩虹，如果只用絕望沮喪的心面對風雨，也許等不到風雨過後，失落的靈魂早已迷失在驚濤駭浪中。

既然風雨難免，就不要存有任何的僥倖心理，想要看到風雨過後的碧海藍天，就試著一直朝著風雨微微笑吧。除了你的微笑，沒有什麼其他的東西可以把風雨征服。

## 繞著土地和房屋跑三圈

在印度有一個叫愛迪巴的人，每當遇見令他生氣沮喪的事，他總是默不吭聲的繞著自己的土地和房子跑三圈。無論秋去冬來，歲月荏苒，愛迪巴總是以這樣的跑步來當作宣洩脾氣的方式。

年輕時他的資產還不算多，因而繞著土地和房子跑三圈還不算太累。隨著他事業逐漸起步，土地越來越多，房子越來越大，再繞著土地和房子可不再是一件輕鬆的事，愛迪巴常常累得汗流浹背。子女們看到愛迪巴上氣不接下氣的樣子，哭笑不得地問說：「為什麼你總是拿跑步來當作發洩生氣的方式呢？」

愛迪巴說：「年輕時我很窮，土地很少，房屋也很小，因此每當我生氣的時候，我就繞著土地和房屋跑三圈，邊跑邊對自己說，我現在土地這麼少，房屋這麼小，要抓緊時間賺錢才對，哪有空和別人生氣呢！」

子女們又問說：「那你現在已變得如此富有，為什麼生氣時還要跑三圈呢？」愛迪巴回答說：「正因為我現在變有錢了，生氣時就更要繞著土地和房屋跑三圈，邊跑邊對自己說，我現在擁有這麼多的土地，這麼大的房子，要抓緊時間享受人生才對，哪有空生氣呢？」

創業難，守業更難。當你還年輕力壯的時候，你要以朝氣蓬勃的面貌忙著創業；當你日漸成熟的時候，你更要老驥伏櫪的面貌忙著守業。人生是如此短促，而且如此緊湊，你還有什麼時間來和別人生氣呢？別人惹你生氣，也一定同時耽誤了他自己的事業，但那是別人的事，你又何必陪他一起耽誤呢？

## 泥土可以變成你的珍珠

蚌長年生活在河水中，總會有各式各樣的雜物隨著河水湧進牠的蚌殼，對那些可以給自己提供營養的微生物，蚌當然非常歡迎。可是對於那些難看、又不能當飯吃的小石頭和泥土塊，蚌則充滿了鄙夷和厭惡。

「這些討厭的小石頭和泥塊，我吐也吐不掉，吃又吃不下去，我到底該怎麼辦呢？」蚌在水中思索了半天。牠深知如果以後自己閉緊蚌殼固然可以杜絕更多的石頭和泥塊進入，但同樣喪失了獲取食物的機會。既然為了生存，必須面對這些討厭的東西，不如就以樂觀的態度面對吧。

從此蚌還是每天納入了大量的食物、小石頭與泥塊，並拋開了不開心的念頭，快快樂樂過著每一天。不久以後，那些討厭的小石頭和泥塊由於在蚌的肚子裡得到了呵護而起了化學反應，蛻變成一顆顆熠熠生輝的珍珠。

**經歷困境的體驗本身就是一種財富，它教會你與一帆風順不同的人生資歷，而人生可資利用的資源又是如此有限，與其處處樹敵，還不如審時度勢，儘量把那些中立的、潛在的資源爭取到自己這邊來。學會化廢為寶，總比一看到困難就立即繳械投降要明智的多。**

## 我是我自己的王子

一名少女夢想遇見青蛙王子，她拿著玫瑰花來到池塘邊，問正在荷葉上唱歌的青蛙：「請問你是青蛙王子嗎？」

「我是青蛙王子，我還會為你唱動聽的歌。」青蛙跳到少女面前，點了點頭。

「太好了！我終於找到自己的青蛙王子了！」少女高興的抱起了青蛙，在牠的嘴唇上留下了一連串火辣辣的吻。

過了許久，少女盯著眼前沒有發生任何變化的青蛙，詫異的問說：「為什麼我吻了你，你卻沒有變成王子？」「我只是青蛙裡的王子，並不是能變成人類王子的青蛙。」青蛙無辜地說。

「你這個醜陋、無恥的騙子！居然騙去了我的初吻！我再也不想看到你了！」少女狠狠地踢了青蛙一腳，又把玫瑰花踩爛，然後甩頭而去。「我還不知道你是不是真正的公主呢？」青蛙說完，又跳回了荷葉，繼續牠荷塘內王子般驕傲的歌唱。

對青蛙而言，牠是一隻青蛙，青蛙是牠最本質的存在，王子只是別人給予的外在稱號。不管外界的變化，別人否認你是王子，但那只是別人對你的外在評價，是一種主觀上的虛無，只要你有這種豁達樂觀的心態，你就是當之無愧的王子。

## 只有死人才沒有問題

商人在一次重大投資計畫中失敗，幾乎斷送了所有的財產，昨天還腰纏萬貫，一夜之間變得一無所有。

傷心欲絕的他來到河邊想要了斷生命，禪師路過時看到他滿面愁容，便上前詢問：「看施主抑鬱寡歡，不知有何煩惱，也許貧僧可以為施主解決。」

商人長嘆了一口氣說：「我生意失敗了，變得一文不名，而且還負債累累；妻子不願和我一起吃苦，帶著兒子回娘家去了，和我斷絕了關係；原來的朋友現在害怕我向他們借錢，而找藉口不和我見面。最要命的是，我的腰痛又犯了。總之，現在我煩惱多的很，問題多得一輩子也解決不了，還不如死了算了。」禪師雙手合十說：「施主此言差矣，請跟我來。」

迷惑不解的商人跟著禪師走過幾條山路，又越了一條河，來到一個亂石崗前，眼前亂七八糟地置放著一些死人的墓碑。禪師指著墓碑，對商人說：「只有他們，才沒有任何問題。」

命運不會讓你平步青雲，也不會一下把你擊垮，讓你永世不得翻身。命運有時候就像一面鏡子，你拿什麼表情看它，它就會拿同樣的表情看你。請不要抱怨命運是如此的坑坑窪窪，其實只是你的內心，存在著那麼多相似的崎嶇不平。

## 第四節：一花一世界，一葉一菩提

一花一世界，一葉一菩提。一滴水可以折射出太陽的萬丈光芒，一片樹葉也可以窺知整個天地的四季變化。

幸福不是什麼高高在上難以獲取的神奇，如果你以那樣的角度仰視幸福，幸福也會以那樣的角度俯視你。幸福只是一種很細微的體會，它隨風潛入夜，潤物細無聲，在你的感悟中，慢慢滲透你的肌膚，滋潤你的心靈。

幸福就是這麼一種不需強求，自然而然的東西。幸福不是哲理，它只是一種細節。

## 找到屬於你自己的天堂

上帝來到鳥籠前，關心地向籠子裡的畫眉問道：「你想去天堂嗎？」畫眉拍打了一下翅膀，問道：「天堂在哪裡？我為什麼要去那裡？」

「天堂在很高很遠的地方，那裡寬敞明亮、四季如春，而且保證你衣食無憂。」畫眉伸了一個很舒服的懶腰，不解地答道：「在這裡，主人也為我準備好了足夠的食物和溫暖的陽光，我在這裡也沒有什麼風吹雨打的擔憂，而且運氣好時還能聽到主人唱歌，我在這裡有什麼不好呢？」

上帝簡單了問了一句：「可是你有自由嗎？」畫眉聽完沈默不語。上帝以勝利者的姿態將畫眉從籠子裡帶了出來，並把牠安置在天堂裡的翡翠宮，之後上帝就去忙著其他的事了。

過了幾天，上帝回到翡翠宮看望畫眉，他親切地問道：「親愛的孩子，你在天堂過的還好嗎？」畫眉愁眉苦臉，有氣無力地答道：「感謝上帝，我一切還好。」

「能簡單說一下在天堂生活的感想嗎？」上帝進一步追問。畫眉長嘆一聲，說道：「天堂什麼都好，就是實在太大了，我飛了好幾個小時，也飛不到籠子的邊。」

子非魚，焉知魚之樂，故事裡無所不知、洞察秋毫的上帝似乎也犯了這樣的一個小小錯誤。對畫眉來說，也許籠子的確是一個監獄，但藍天白雲就已經是牠的天堂，而把畫眉帶到真正的天堂，牠反而會覺得是一個更大的監獄，因而產生不著邊際的恐慌感。不要把幸福看成一個多麼偉大神聖的東西，它只是融化在空氣中的點點滴滴而已。更不要把幸福當作施捨，幸福只是心靈的感知，不是上下級之間涇渭分明的傳遞。

## 關鍵不在於蜻蜓

病入膏肓的富翁知道自己的生命快走到盡頭，就召集四個兒子在床頭。他看見窗外一群小孩子正在無憂無慮的捉著蜻蜓，就要兒子們出去儘量的多捉一些蜻蜓回來給自己。為了滿足父親臨終前最後的願望，兒子們都不敢怠慢，立即出門捉蜻蜓去了。

兩小時後，兒子們又聚集在富翁的床頭前，分別呈獻剛剛捉到的蜻蜓並闡述經過。大兒子拿富翁送的遙控賽車和別人換來了一隻蜻蜓，富翁微笑著點了點頭；二兒子把遙控賽車三塊錢賣給了其他的小孩子，又花了其中的兩塊錢買了一隻蜻蜓，他把蜻蜓和剩下的一塊錢交到了富翁的手中，富翁溫柔的摸了摸他的頭，很開心；三兒子則去了廣場上，把遙控賽車出租給其他孩子們玩，然後拿了租金去買蜻蜓，短短一個多小時內，他用出租遙控賽車的錢已經買到了十八隻蜻蜓，如果不是趕時間回家，可能還會更多。富翁充滿慈愛地在孩子額頭上親了一下；而四兒子看上去滿身泥濘、大汗淋漓。原來他自己爬到樹上去捉蜻蜓，弄得渾身髒兮兮的，卻一隻蜻蜓也沒捉到。看到他手舞足蹈比畫著樹上捉蜻蜓的樣子，富翁流著淚將他緊緊地摟在了懷裡。

第二天，富翁面帶著微笑離開了人世，他留下一張紙條，上面寫著：「孩子們，蜻蜓並不重要，重要的是捉蜻蜓的樂趣。」

光陰似箭，人生苦短，我們畢其一生可以達成的目標，屈指可數。因而不要給自己定下太多好高騖遠、遙不可及的目標，更不要認為這些目標本身就代表著你的幸福。幸福在於你追逐目標時，沿途看到的風景。終點到底是什麼光景，身為途中的路人，我們無從得知，我們需要感恩的是，因為目標的牽引，我們選擇了這條路，和這條路上的所有風景。

## 還是住回原來的躺椅吧

中午十一點左右，一輛長型豪華轎車氣勢十足的駛過紐約中央公園，忽然車裡的富翁要司機在路邊停車，他每次經過這裡，總能看見公園躺椅上坐著一名衣衫襤褸的流浪漢，目光呆滯的望著富翁居住的旅館，這次他想當面問個究竟。

「朋友，請原諒我的魯莽，不過我真的很好奇，為什麼你每天早上都盯著我的旅館看。」富翁禮貌地詢問。

「我每晚睡在公園的躺椅上，總能夢見自己睡在對面旅館的豪華套房。」流浪漢充滿嚮往的回答。「這是個簡單的要求，我來讓你夢想成真吧！」富翁得意洋洋地說，並叫手下馬上為流浪漢在旅館訂了一間最豪華的套房，租期為一個月。流浪漢興高采烈的住了進去。

過了幾天，富翁的車又經過中央公園，驚訝的發現流浪漢居然還坐在公園的躺椅上，他急忙下車迷惑不解地問說：「難道連最豪華的套房也不能滿足你，我該怎麼讓你快樂起來呢？」

流浪漢搖搖頭說：「以前我雖然睡在公園的躺椅上，但總能夢見自己睡在溫暖舒適的套房裡，那種快樂的感覺簡直太美妙了；而豪華套房雖然環境高雅，設施先進，但每晚我睡在裡面，卻總是夢見自己睡在公園冰冷的躺椅上，這種從天堂到地獄的感覺太差，而且嚴重影響了我的睡眠。」

衡量人是否幸福，看他清晨醒來臉上的表情就可以了，而夢境直接決定這個人清晨的表情。沒有夢想的人生是不完整的，而沒有美好夢想的人生是令人沮喪的。又或者說，夢想是人們逃避現實的港灣，也是以此為依據，改造現實的樣板。因而，請把你的夢想永遠定的比你現實高一些。

## 孩子只需要摸得著的上帝

傑克剛下飛機，就急著開車駛向兒子的學校，抵達學校時，兒子已經在校門口足足等了兩個小時了。

今天是兒子的十歲生日，傑克暫時放下了手上繁忙的工作，從國外飛了回來。他抱起兒子，親了親可愛的小臉蛋，溫情的說：「兒子乖，爸爸來陪你過生日了，你還記得爸爸以前什麼事最讓你開心，爸爸今天再為你做一次。」兒子轉了轉眼睛，認真說：「我以前上幼稚園時開聯歡會，晚上爸爸開車來接我，半路上你停下來捉螢火蟲給我玩，這件事最讓我開心了。」

這麼平凡而瑣碎的事，傑克當然記不得了，他再次把兒子摟在懷裡，充滿愧疚地說：「兒子乖，上帝愛你，爸爸也愛你。」兒子抱緊傑克的脖子說：「我不要看不見的上帝愛我，我要看得見摸得著的上帝愛我，我只要爸爸在身邊陪著我。」

傑克剎那間淚流滿面，馬上退掉了半天後準備出國的機票，陪兒子痛痛快快過了一個十歲的生日。

愛是沒有辦法用金錢代替的，就像在深海，再多的金錢和權勢也買不到一丁點的空氣。不要把物質的補償看成上帝那樣偉大，那不但是對上帝的不尊敬，更是對需要你愛的人，一個致命的欺騙。對愛來講，觸手可及的關懷要比冠冕堂皇的禱告，更有無形的力量，更能抵達你內心深處那最柔軟的部分。

# 第六章：改變行事的風格

你是在為誰而工作呢？如果是金錢的因素，那麼很遺憾，也許你一輩子都會成為了錢的奴隸，而不是駕馭它的主人。錢其實並沒有具備那麼強大的吸引力，而是你內心早已放棄了為自己工作的努力，在錢還沒有向你「張牙舞爪」之前，你就已經向錢投降了。有了為錢工作的習慣，不管你賺多少錢，你都已經失去了自己。

人的一生其實就是不斷推陳出新，不斷蛻繭成蝶的演變過程，隨著對幸福的深刻體會，總有一些腐朽的觀念被歲月沖刷掉：人生其實就是一場取捨，人生就是無數選擇題集合而成的。你要做的只是不停地選擇A或B或C，要相信總有一項適合你；只是不要指望任何時候都要兩者兼得。那麼你即使還沒有到達人生的巔峰，至少也已經學會了享受人生。這份享受，只屬於你自己。

# 第一節：墨守成規

生活中每一處的風景，都和前一秒鐘不一樣。人們總習慣懷著一顆熱忱的心，去體會周遭瞬息萬變的溫度，但世事如棋局，變幻無常，沒有永恆不變的事物。順著前人留下的足跡，墨守成規的前進，將永遠得不到真正的成功。

活在過去的影子裡，卻以為走在未來的陽光裡，墨守成規的習慣，將使人們裹足不前。

## 不要輕易丟掉你的幸運石

有一位整天想著發財的年輕人，對自己的生活非常不滿，一心想要找到立即能夠出人頭地的捷徑。

他聽說深山裡住著一位修行者，只要找到這位修行者並把自己的心願告訴他，就可以心想事成。於是年輕人迅速收拾好了行李，急忙往山上趕去。

他在修行者的門前等了七天七夜，終於等到了雲遊四方的修行者回家。年輕人懇求他賜給自己金銀珠寶，修行者並沒有拒絕這樣的要求，他說：「你回去後，當每天清晨太陽升起時，在村外的沙灘會出現一顆幸運石，其他石頭都是冰冷的，只有幸運石閃光而溫熱。

你只要找到這顆幸運石，並對它訴說你心中的願望，你所有的願望都可以實現。」年輕人如獲至寶的磕頭謝過，趕回村裡，從此每天清晨便在沙灘上尋找幸運石。

那裡的確有成千上萬顆石頭，但都是冰冷而堅硬的石頭。年輕人一發現不溫暖也不發光的石頭，就毫不猶豫的往海裡丟。光陰似箭，物換星移，年輕人往海裡丟了大半年的石頭，還是沒有發現傳說中的幸運石。

這一天，年輕人和往常一樣，在沙灘邊撿石頭，發現不是幸運石，就順手扔到大海裡去，一顆，二顆，三顆……忽然，年輕人的雙手如抽搐般地劇烈顫抖，臉色發白，並放聲痛哭了起來，因為當他習慣性的把手中的每一塊石頭都扔進茫茫大海時，才發現剛剛丟掉那顆石頭，正是發光且溫暖的幸運石！

不要讓所謂的習慣來統率你一切的行為，你的生活要時時刻刻保持一顆鮮活的心。幸福往往就掩藏在一堆讓你麻木的亂石堆裡，不要墨守成規，放棄你捕捉幸福敏感度的能力，那將是你人生的寶石。

## 因為習慣而貧窮

某人的日子一直過得不怎麼如意，眼看自己馬上要四十歲了，還沒有什麼說得過去的成績，內心實在是不太甘心。

為了尋找生活的轉機，他特地去向一個研究周易的專家請教。專家觀察了那個人的面相，冥思苦想了一會，盯著他的眼睛說：「閣下四十歲前一定是落魄而貧窮，生活的現實和你的夢想相差很多，是這樣嗎？」

那個人聽了大吃一驚，對眼前這位算命師簡直敬如神明，並以諂媚的語氣說：「大師您可真是料事如神啊！您說的一點都沒錯，四十歲以前的我的確渾渾噩噩，一事無成。當我的朋友都有了自己的事業和生活時，我整個人生還是一團糟，到處都是坎坷泥濘。我馬上快要滿四十歲了，大師，您算的那麼準，藉您吉言，看看我四十歲後將會怎樣？」

專家不急不徐的搖頭回答說：「閣下四十歲後，依然貧窮而落魄。」那個人又大吃一驚，很失望的問：「為什麼？」「因為，你已經習慣了！」專家頭也不抬的答道。

習慣貧窮和繼續貧窮往往是因果關係，這樣的因果關係貫穿在整個人生，就是一生的永遠貧窮，所以想要告別貧窮，請先告別對貧窮墨守成規的習慣。

## 毛毛蟲為什麼餓肚子

有人做了兩個試驗。

第一個試驗：把大約四十條毛毛蟲任意排列，然後在牠們附近放一些食物，毛毛蟲都不約而同地向食物爬去。

第二個試驗：把同樣四十條毛毛蟲頭尾銜接排成一個圓圈，固定隊形後，讓毛毛蟲們自由行動。實驗者發現：毛毛蟲的組織紀律性極好，牠們按照現有的隊形，有條不紊的循著圓弧爬行，好像一支井然有序的遊行隊伍。

實驗者再一次把食物放在了圓弧的當中以及圓外不規則放，但毛毛蟲一定能看見的地方，他想毛毛蟲在看到食物之後，一定會打破現在的隊形，向食物爬去，因為食物是毛毛蟲天生追逐的目標。

令人驚奇的情景發生了，毛毛蟲們依然沿著原有的圓弧形爬動，似乎對眼前誘人的食物視若無睹。牠們長年累月、周而復始的沿著圓弧爬行，孜孜不倦的敬業精神令人欽佩，但牠們想要的食物，卻始終和牠們保持著原有的距離。

毛毛蟲心裡也許已經認定，牠們原來已經習慣的圓弧隊形是獲得食物的最好方式，只要牠們沿著這個習慣不停的前行，就一定可以獲得食物。毛毛蟲的悲劇，正在於此。

水無常形，原來獲得成功的經驗如今未必依然適用。停留在原來的經驗裡刻舟求劍的人，將像圍著圈不停奔走的毛毛蟲一樣，即使鞠躬盡瘁，依然一無所獲。我們有時候之所以無法成功，是否也在像毛毛蟲一樣墨守成規？

## 蜜蜂死了，而蒼蠅活了下來

實驗者把蜜蜂和蒼蠅放在一個洗淨的牛奶瓶裡，並將瓶底朝著陽光明媚的窗外，將沒有蓋子的瓶口對著漆黑一片的屋內。

結果怎樣呢？智商明顯高出蒼蠅很多的蜜蜂不停的往瓶底撞擊，不多久就全部撞死或餓死在瓶子裡，而視為邪惡和愚蠢代表的蒼蠅，則在兩分鐘不到的時間內就找到了出口並安然逃脫。

聰明的蜜蜂認為，出口一定在光明的那端，即使眼前橫著一面比任何時候都要堅固而不可逾越的大氣層，他們也堅定不移的相信，大氣層的另一面，才是牠們唯一的出路，牠們從來不知道，其實面前不是大氣層，而是牠們根本無法撞破的玻璃瓶底。

相反，出身卑劣的蒼蠅卻並沒有蜜蜂那樣對光明的偏愛和矜持，逃離死亡是牠們的唯一目的，牠們不放棄任何一個逃離瓶子的方法，所以蒼蠅成功逃生，而聰明的蜜蜂卻死在瓶子裡。

人總會自作聰明的給自己設定不可以涉足的禁區，但其實是在這些因為墨守成規而設定的禁區裡面，掩藏著他們不屑去領悟的成功玄機。有的人無所牽掛，什麼都敢嘗試，最後獲得了成功。

## 不肯提早子彈上膛的獵人

獵人帶著獵槍、子彈、獵狗和準備收穫獵物的袋子興沖沖的上路了，出發前妻子曾勸過他說：「先把子彈裝進獵槍吧，那麼你看到獵物還能來得及捕捉牠們。」

獵人對這樣的建議嗤之以鼻，滿不在乎地說：「用得著嗎？我打獵打了這麼多年都過來了，也不見得我出生以來，天空中就只有一隻麻雀啊！」「再說，從這裡到目的地，我要走一個小時，這點時間我裝一百遍子彈都來得及！」

路上獵人還在不停的嘀咕著。就在這時，獵人走到了一個沼澤地，平時很冷清的水面今天居然停滿了上百隻野鴨，如果將牠們全部捕獲，夠獵人吃整整一個月了。喜出望外的獵人急忙卸下包裹，準備把子彈裝進獵槍裡去。但不幸的是，即使獵人上子彈的速度已經很快了，但受到驚嚇的野鴨還是呼拉一聲全部飛跑了，等獵人裝完子彈時，水面早已恢復了以前的平靜。

失望的獵人繼續往前走，天空飄來一朵烏雲，大雨傾盆而下，淋成落湯雞的獵人只能兩手空空的走上了回頭路。

總以為自己什麼事都可以輕易完成，卻什麼都不屑於做的人，往往做不成任何一件小事，因為他那並不矜持的從容，使他根本來不及應對每一個突然出現的良好機會。

## 第二節：善小不為

「莫以善小而不為，莫以惡小而為之。」每個人都有與生俱來的善心，但為什麼我們見到的似乎並不多呢？一方面，我們眼裡只有那些轟轟烈烈的大事，芝麻綠豆大的小事出現在我們面前時，善小不為的習慣總讓我們視而不見；而另一方面，我們本身也只把目光放在那些驚天動地的事情上，隨時隨地只為做大好事而積極準備著，卻忽視了其實好事是從點點滴滴累積起來的。當平常微小的好事出現在我們面前時，我們忘記了感恩，這就是善小不為這個習慣帶來的惡果。

## 請不要割斷救你的蛛絲

佛祖看到地獄裡聚集了諸多邪惡的靈魂，根據他們生前曾犯下的罪行，此時正在這裡遭受著相對的磨難。地獄之火熊熊燃燒，那些十惡不赦的靈魂血肉模糊，哀鳴遍野，佛祖不禁輕輕嘆息了一聲。

這聲嘆息引起了某江湖大盜的注意，他連滾帶爬的跪在佛祖面前，懇求給他一條從地獄脫離的生路。佛祖知道這名江湖大盜雖然做惡無數，但曾經在將要踏到一隻蜘蛛時動過一絲善念，移步繞道而行並沒有將其踩死。就因為大盜生前這唯一的善事，慈悲為懷的佛祖動了惻隱之心，他決定讓這隻小蜘蛛來拯救大盜離開地獄。

小蜘蛛來到地獄出口處的上方，將一根細長的蜘蛛絲伸長到大盜面前。大盜知道這是佛祖給的救命稻草，欣喜若狂地抓住了蜘蛛絲就往上爬。其他正在飽受煎熬的惡人們見狀蜂擁而上，都想要藉著這跟蜘蛛絲逃出苦海。不管大盜怎樣惡語喝斥，聚集過來的惡人越來越多，眼看就要拖垮原本就很單薄的蜘蛛絲。一心想要脫離地獄的大盜為了避免蜘蛛絲斷裂，拿出隨身的小刀割斷了爬滿了很多惡人的蜘蛛絲。

隨著大盜刀落，蜘蛛絲上的惡人們紛紛跌落，而大盜本人也因為失去了內心最後一絲善念而重新掉入萬劫不復的地獄。

「一葉一天下，一花一菩提。」沒有什麼事是可以用多與少來衡量的，可以用數字衡量的是功利，不是善惡。對小善的感悟和經營，是你真正昇華的體驗。

## 上帝的兩個側面

凜冽的寒風中，一個衣衫襤褸、髒兮兮的乞丐走進了全美最大的一家麵包店，他伸出滿是汙穢的雙手，可憐的向服務生說道：「先生，我已經兩天沒吃東西了，求求你做件好事，給我一塊麵包填飽肚子吧！」

服務生動了惻隱之心，就從櫃台裡拿出一塊麵包，但在他即將把麵包遞給乞丐時，他的目光聚集到那雙骯髒的手上，滿是灰塵、泥土和污泥的十指似乎散發著令人作嘔的味道，他實在沒勇氣把香噴噴的麵包放到這雙手上去，麵包在他手中被握得緊緊的，已經有點變形。

麵包店老闆見狀馬上來到服務生面前，一把拿過他手中的麵包，非常恭敬的遞給了乞丐。乞丐接過麵包，心滿意足的離開了。服務生很詫異的問老闆：「您送他一塊麵包倒也罷了，為什麼還要如此恭敬呢？」老闆說：「這正是我們的經營之道，也是我們成為最好的麵包店的秘訣。」

走進店門的就是顧客，而顧客都是我們必須永遠為之虔誠的上帝。而我們總是習慣根據外在條件來確定哪些顧客是上帝，哪些則不是上帝，殊不知，這兩者正是上帝的兩個側面。

## 平凡的公車司機

公車司機是一個平凡到不能再平凡的職位，但其實有一個人，他在這個平凡職位上做出了一件很偉大的事。

而他做的事，也是每一個司機都能夠做到的很簡單的事。他每天週而復始的在這條道路上行駛了幾十遍，這天下午，他的心絞痛病突然復發了，而他隨身攜帶的藥卻正好吃完了最後一顆。

在疼痛開始肆意吞噬他的身體時，司機強忍劇痛，不慌不忙的做完了他人生最後三件大事：

將方向盤慢慢轉向路邊，用吃奶的力氣踩下了剎車；

按下了開門的電動按鈕，車門打開了，乘客們循序而下，安全逃離；

最後，他用生命最後一點力氣拉起手煞車並將車子熄火。

當他終於完成他曾經完成過無數次的事後，他的雙手扶在方向盤上，安詳的閉上了眼睛。

一粒水滴也可以折射出太陽的光芒，不一定要做轟轟烈烈的大事才能成為偉人，而在於你做的每一件事，是否顯現出了人性偉大的光芒。

# 第三節：眼高手低

成功其實是由兩部分內容組成的：目光和手段。目光決定了可以到達的層次；手段則決定了可以實現目的的程度，這兩方面互相依賴，缺一不可。沒有目光的執行就會像無頭蒼蠅那樣一無所獲，而沒有執行的目的則是一無是處的空中樓閣。

永遠在自己畫的藍圖面前流口水，而不去為了實現願望而努力，甚至在對藍圖想像的快樂中失去了前進的動力，眼高手低這個壞習慣帶來的惡果，正在於此。

## 請撿起沙漠裡的馬蹄釘

父親和兒子行走在一望無際的沙漠裡，漫天的風沙模糊了他們的視線，灼熱的日光也曬得他們汗流浹背。

兒子騎的駱駝一個重重的腳印踩過去，父親在後面看到沙坑裡有一個馬蹄釘，經驗豐富的他知道這一定是沙漠裡其他旅客不慎遺失的，就吩咐兒子撿起來。兒子不屑一顧的說：「這是什麼玩意，我才不要呢，對我一點用處都沒有！」

父親默默的把馬蹄釘撿了起來，並小心翼翼的放在隨身的行囊裡以防丟失。到了前方的城堡，父親拿這個馬蹄釘和商人換了整整一百顆酸葡萄，兒子再一次以鄙夷的語氣說：「酸葡萄有什麼好吃的！」

父親沈默不語。兩人繼續出城，騎著駱駝繼續行走在沙漠裡，驕陽似火的午後，體內的水分消耗得比任何時候都要快。父親不慌不忙地從行囊裡拿出用馬蹄釘換的一百顆酸葡萄，騎在駱駝上很悠然的吃葡萄，還把酸葡萄扔在地上。而可憐的兒子，也已經渴得說不出話來，他為了吃酸葡萄解渴，必須在父親每次把酸葡萄扔到地上後，立刻從駱駝背上跳下，俯身去撿他那曾經不放在眼裡的酸葡萄。

羅馬不是一天造成的，它是一個需要消耗很多資源的偉大工程，與其為這個工程傾其所有而眼高手低的輕視其他不如羅馬的工程，還不如為你的羅馬累積多一點的資源。

## 是佛還是？

蘇東坡和佛印禪師是無話不說的好朋友，蘇東坡常常對佛印禪師開各式各樣的玩笑，而大師卻從不生氣。

某天午後蘇東坡又來到佛印禪師的寺廟裡拜訪，看見佛印正盤坐在座墊上凝息修煉。蘇東坡學著禪師的樣子，也在旁邊的空地上盤腿而坐，並雙掌合攏，口中虔誠禱告。

等佛印禪師走近時，蘇東坡忙不迭地問他：「你看我像什麼？」佛印禪師說：「我看你像一尊佛。」蘇東坡很得意的仰面大笑，笑完還不忘開佛印禪師一句玩笑話：「但我看你剛剛修煉時，倒活生生像一坨大便。」佛印禪師聞言後，微笑不語。

蘇東坡以為佛印禪師這次終於在唇槍舌戰中輸給了自己而無話可說，興高采烈地回到家裡，見到蘇小妹就急著把自己的勝利告訴了她。想不到蘇小妹非但沒有和哥哥一起嘲諷「愚蠢」的佛印禪師，反而很冷靜的對蘇東坡說：「自己是佛，自然看別人是佛；自己是大便，自然看別人也是大便。」

**你在別人眼中如何，說明別人的境界如何；而別人在你的眼中如何，說明你的境界如何。恥辱不是別人給你的傷口，而是你自己始終堅持的幻覺。**

## 鏡子和玻璃的區別

一位發了橫財的富商認為自己有很多錢，因此看不起身邊的人。有一天，為了給自己帶來一些好名聲，他買了禮物前去拜訪一位德高望重的哲學家。富商看到哲學家的生活十分清貧，強烈的虛榮心驅使他不停的炫耀自己價值數萬元的名牌服飾和鑽石手錶。

哲學家默默的將富商帶到窗前，指著窗下問說：「向外看，你眼中看到了什麼？」富商看了一下窗外，迷惑不解的卻又很堅定回答說：「我看到了很多人！」哲學家又默默的將富商帶到屋裡的鏡子前，指著鏡子問富商說：「現在看鏡子裡，你看到了什麼？」富商在鏡子前左顧右盼了一下，還是很確定的回答說：「除了我自己，我什麼也沒看到。」

哲學家點了點頭說：「玻璃窗和鏡子之間的區別，僅僅是鏡面一層薄薄的水銀而已。但正是這一層微不足道的水銀，讓有些人只看得到自己，卻看不見別人。」

你看不到別人，別人卻看得到你；你看不到自己的缺點，別人卻已經做好了攻擊你缺點的戰略準備。心就像一面玻璃，那一層薄薄的水銀，決定了你的視野。

## 是誰救了森林之王？

森林之王獅子抓到了一隻老鼠，面對微不足道的小老鼠，獅子沒有像對待其他獵物那樣馬上一口吞掉，而是把老鼠放在自己的掌心，想看老鼠苦苦的乞求饒命。老鼠面對這個隨時就可以把自己吞掉的龐然大物，不卑不亢的說：「我希望你今天不要吃掉我，不僅僅為了我這條命，同時也是為了你，也許我以後可以在某些場合幫助你。」

獅子聞言哈哈大笑，用腳趾撥弄著這個不知天高地厚的老鼠，鄙夷的說：「你這個小不點，我堂堂森林之王，還用得著你來救？」說完就毫不在乎的把老鼠放走了。

沒過多久，獅子誤入了一個獵人佈下的陷阱，被困在獵網裡動彈不得，眼看就要成為獵人的甕中之鱉。這時曾被獅子放走的老鼠出現了，牠召集了一群和自己一樣牙齒尖銳的老鼠們，來到獵網前，齊心協力用最快的速度，將獅子用蠻力也不可能掙脫的獵網輕鬆咬斷。獅子躍身一跳，重新獲得了本來將永遠失去的自由。

「尺有所短，寸有所長。」每個人都有自己力所不能完成的事，而有限的精力又不可能來得及學習所有的能力，所以請珍惜你身邊的每一位朋友。為他們每一個微不足道的優點做一點點的投資吧，這些極有可能給你意想不到的回報。

# 第四節：只說不做

為什麼總有人認為，成功是可以吹噓出來的，不用努力工作，誇口吹虛就可以建成一個富麗堂皇的王國？

在這個光怪陸離的世界，很多人都看到了身邊有些不勞而獲的現象。其實說和做都是走向成功的必須途徑，但實際上，實實在在做才是一個人在逆境中隨時可以重新崛起的生存本領。染上只說不做習慣的人，他們已經對用一張嘴就能換來的成功習以為常，當他們需要實在做事的時候，會發現自己一無所長。還有很多的人連吹噓的本事也沒有，那麼，他們就更不能只說不做了。

## 你至少先買一張彩卷吧

馬丁近中年依然一事無成，他聽說有人買彩卷中了頭獎而成為億萬富翁，非常羨慕這條輕鬆的致富之路，於是他每天都到教堂去向上帝禱告。

「上帝啊上帝，我是如此的信仰你，求求你讓我買彩卷時也中個頭獎吧！」馬丁虔誠的祈禱，然後他就直接回家了。

第二天，馬丁又來到教堂，繼續向上帝祈禱說：「上帝啊上帝，你給我帶來了唯一的奇蹟和光芒，我一輩子都不會改變對你的信仰，求求你讓我買彩卷時中個頭獎吧！」說完之後他就回家呼呼大睡了。

第三天，馬丁依然兩手空空的來到教堂，繼續著他對上帝的虔誠祈禱：「上帝啊上帝，對我來說，沒有人比你更重要了，請你務必在我買彩卷時讓我中個頭獎吧！」

上帝終於忍不住回話了：「親愛的馬丁，我已經感受到你三天以來虔誠的禱告了，我也很想儘快幫你達成夢想。可是，你是不是應該在祈禱前，至少先去買一張彩卷呢？」

其實很多時候你做的已經很不錯了，策劃方案縝密完善，前期調研詳實可靠，可是為什麼成功還遲遲未到呢？也許，你和成功只差想像和實踐之間這一點點的距離。

## 坐著，永遠拿不到錢

美國某知名企業總裁應邀參加一場演講，當他走上講台時，發現台下早已坐無虛席，數百名業界人士都聚集在這裡，他們都不想錯過這個向成功經營的總裁求取經驗的寶貴機會。

總裁知道人們都在期待著他精彩的演講，但他只是簡潔的說了一句：「請大家從各自的位子上站起來。」

所有人都摸不著頭腦，但還是全部站了起來，整個會場變得鴉雀無聲，下一步總裁會說什麼，人們拭目以待。

總裁繼續說：「請大家彎腰到自己的座位，看看能找到些什麼。」

所有人都彎下腰用雙手在座位底下尋找了一番，結果有人撿到了幾美元，有人撿到了一支金筆，也有人撿到了一張十萬元的支票。

正在大家迷惑不解時，總裁做了簡單的總結：「請記住，如果你要賺錢的話，請從你坐著的位子上站起來，坐著永遠賺不到錢！」

**不管你曾經付出多麼艱辛的努力，但你永遠需要站起來繼續為目的做些什麼。成功需要靠雙手來打拚，坐著你可以看到錢，但永遠拿不到錢。**

## 天底下沒有白吃的午餐

古代有一個國王勤政愛民，也很善於治理國家。退朝休息之餘，他突發奇想，如果專門寫一本書，把他所有治國和管理的心得，以及大臣們各自的工作經驗全部寫下來，形成一本集思廣益的集大成之作，那該具有多大的指導意義啊！而且有了這本書以後，人們就會少走很多彎路，各項工作推行起來就會更加順利。國王把這個想法傳達給手下一名文筆最好的大臣。

過了半年，大臣把辛辛苦苦寫了大半年的資料，總共十二本書籍搬到了國王面前，國王隨意瀏覽了幾頁，覺得內容基本正確，但篇幅實在太多了。一個月後，大臣又帶來了刪改後的兩本書籍，國王看著密密麻麻的文字，皺起了眉頭說：「有時間全部讀完這兩本書的話，我可以去做更多更重要的事」

一星期後，大臣又拿著再次精簡過的五頁紙來到國王面前，國王耐下心看完了全文，苦笑著說：「不是每個人都會隨時有空看完這五頁紙的。」

一天後，大臣拿著一頁紙遞給了國王，國王這次看了非常滿意，紙上只寫了一句話：「天下沒有白吃的午餐。」

透過人世間的周而復始，其實就說明了一個淺顯的道理，一份耕耘，一份收穫。如果你想要年底滿載的漁獲，請從每天清晨出海捕魚開始。

# 第五節：有始無終

天下非但沒有白吃的午餐，而且越是高檔的午餐，越是要為之付出昂貴的代價。如果想要成功，那麼請在開始到結束的過程中始終維持著你的努力。成功之神是一個很吝嗇的人，不要指望你才開始對他虔誠膜拜就可以達到目的，如果你有始無終，中途減少努力的話成功最終將離你而去。

## 全球第一行銷大師的秘訣

全球第一的行銷大師將舉辦一場以「如何成功推銷」為主題的報告會，告別自己傳奇的行銷生涯。消息傳出後，很多菁英都想要親眼目睹一下全球第一行銷大師的風采。

報告會開始了，會場上人頭鑽動，座無虛席。每個人都摒住了呼吸，生怕疏漏了大師任何一句關於行銷要訣的金玉良言。想不到大師走上講台後，只普通寒暄了幾句，就叫工作人員把會場的燈全部關掉，然後叫四個彪形大漢一起扛著一個下面放著鐵球的鐵架子上了講台。大家都不知道這鐵架和鐵球有什麼關係。

只見大師拿著一把鐵錘走到鐵架面前，用力向鐵球砸了一下，鐵架將鐵球固定的太牢了，被敲打後的鐵球紋絲不動。五秒鐘之後，大師又用同樣的動作敲了一下鐵球，鐵球還是在原地沒有任何動搖。當大師重覆這個動作很多遍之後，鐵球也沒有移動的樣子，大師也沒有說明這和推銷之間的關係，很多人都漸漸失去了耐心，三三兩兩的開始離場。一個小時後，會場的人基本上都走光了，只剩下兩三個人還在等待著什麼。

他們是對的。當大師再一次拿起鐵錘向鐵球敲去的時候，經過上百次打擊的鐵球終於有了鬆動的現象，每多敲一次，鬆動的痕跡越來越明顯。又過了五分鐘，大師用鐵錘向鐵球敲下去時，鐵球終於掙脫了鐵架的羈絆，沿著向下傾斜的鐵架凹槽加速滾去，而且誰也阻止不了這次鐵球的移動。

**成功推銷的要訣不在於你口沫橫飛的巧舌如簧，也不在於你投其所好的能言善辯，而在於你認定方向後的鍥而不捨，沒有比虎頭蛇尾、有始無終更失敗的推銷了。**

## 第一百封信，你說你將做我的新娘

一個男孩深深愛上了一個女孩，但一直羞於直接表達，更害怕被拒絕後連朋友都做不成，因此他唯一能做的就是寫情書，他把自己所有對女孩的愛慕與思念全部傾訴在了親筆寫的信紙上。每當承載著自己火熱般熱情的信箋投入信箱時，男孩總是充滿著無限的憧憬和想像，但每次男孩收到女孩回信的時候，又總是從期盼的巔峰跌落，因為女孩的回信很簡單，簡單到除了一張白白的信紙，什麼也沒有。

男孩拿著這張一個字都沒有的信紙雖失望卻又不死心，繼續把熱情和希望寄託在下封信箋裡。但每一次他收回的總是失望，不管男孩的來信多麼熱情洋溢，女孩的回信都只有一張什麼都沒有字的白紙。這樣的周而復始，男孩也漸漸灰心了，認為也許女孩真的不喜歡自己，而家人也始終催促他早日完成終身大事。在這種情況下，男孩在寄給女孩第一百封信後就匆匆與另一位女孩結婚了，以至於第一百封回信都沒有來得及拆開。

多年以後，男孩的妻子在整理房屋時發現了男孩珍藏的一百封信，便問男孩為什麼沒有拆開第一百封信，男孩說：「肯定也是一張白紙，不信你拆開看看。」

妻子拆開後，信上赫然寫著一行字：「我已經準備好了婚紗，就等你來娶我當你的新娘。」

梅花香自苦寒來。感情的故事就像一場長跑，幸福的果實總在終點才能收穫。不管途中歷經了多少千辛萬苦，如果你中途放棄，一切都將歸於零。

## 他不是你的寶貝

有兩個部落為了爭奪各自的利益而展開了廝殺，其中的一個部落住在山下，驃悍英勇，戰鬥力強；另一個部落住在山上，科技發達，戰鬥力也不弱。兩軍交戰，肉搏的時候顯然山下的部落佔了上風，山上的部落首領覺得死拚下去不是辦法，就派了幾個勇士到山下部落裡展開偷襲，並襲擊了一戶人家，搶走了一個可愛的孩子做為人質，以此要脅山下部落答應不平等的利益分配條約。

為了營救孩子，山下召集了敢死隊冒著槍林彈雨上山，企圖突破山上部落的防守，可是山上部落佔據天險，居高臨下，無論敢死隊如何前仆後繼，還是突破不了銅牆鐵壁般的防線。傷亡慘重的敢死隊收拾著同伴的屍體，垂頭喪氣的準備回自己的部落時，他們驚訝的發現，孩子的母親正血跡斑斑的從山下走來，身後正揹著她的孩子。

敢死隊很好奇的問母親：「我們這麼多驃悍的勇士，都沒有突破防線，為什麼妳卻可以安全救出自己的孩子？」

母親說：「因為他不是你們的寶貝，卻是我唯一的寶貝。」

敢死隊不可謂不驍勇善戰，但敢死隊尚且不能突破的防線，手無寸鐵的母親卻成功的突破。愛給人的力量是無窮的，它讓其他人已經筋疲力盡、準備放棄時，讓心中有愛的人卻始終不放棄，直到最後成功。

## 窮人和富人的差別

某一個好心的富人來到鄉下閒逛，發現一個衣衫襤褸的窮人在門前無所適事。富人送了一頭強壯的水牛和一塊土地給窮人，並對窮人教誨說：「你好好用這頭牛耕田，只要你努力工作，會有豐收的回報等待著你的。」

窮人欣喜的接下了這頭水牛和土地，開始幾天他也用水牛認真耕了幾天田，後來他覺得放牛太累了，就把這頭水牛牽到市場上換了幾頭羊，剩下來的差價則被他打牌輸光了。

放羊在草地上吃草沒多久，窮人又覺得厭倦了，他又把羊牽到市場上換了一群母雞，想靠母雞每天的孵蛋生活。

每天給母雞餵食的工作沒多久又讓窮人心煩氣躁起來，他乾脆把這群母雞全部賣光，拿錢買了很多酒和食物，在家過了好幾天吃吃喝喝的日子。

一年以後，好心的富人又給窮人送來了種子，準備讓窮人有更好的發展，但卻發現當初的水牛早已不見了，窮人依然衣衫襤褸的在門前無所事事。

窮人和富人的差別往往只在於他們窮或者富的結果，真正的原因是他們心中對待財富的觀念不同。是用錢生錢，還是把錢用做享受。用拿錢來享受的觀點，來指導拿錢生錢的事業，難免有始無終，功虧一簣。

## 第六節：有勇無謀

一個人的足球是技巧的運動，十一個人的足球則是智慧的運動。要想獲得成功，只靠蠻力是絕對行不通的。我們常常習慣憑著一股熱情去辦事，認為只要理想是美好的，就一定可以實現。世界上總有那麼多事是靠力量無法解決，如果方向不對，往錯誤的方向用力越大，則越走向失敗。有勇無謀絕對是個壞習慣，這裡面的「謀」，正是幫我們認清方向，並往正確的方向用力。

## 彌撒的藝術

兩個教徒週末約好去教堂做彌撒，在儀式開始前，教徒甲煙癮來了，他試探性的問牧師：「等一下我做禱告的時候可以抽煙嗎？」牧師微笑著摸了一下甲的頭，說：「孩子，向上帝禱告時必須專心，是不能做其他事情的，否則就是對上帝的不敬。」甲聽後，對上帝的敬畏超過了煙癮，便將強烈的抽煙慾望壓抑了下來。

教徒乙也是個煙鬼，不過他吸取了甲的經驗。他走到牧師面前，充滿虔誠的問說：「請問我抽煙的時候可以禱告嗎？」牧師同樣微笑著摸了一下乙的頭，點頭回答：「當然可以，親愛的孩子，你在抽煙的時候都能記得禱告，上帝的祝福將與你同在。」

彌撒開始了，教徒甲痛苦的壓抑著自己的煙癮，而教徒乙則充分享受著吞雲吐霧的快樂。

人的心靈是多麼奇妙啊！沒有什麼比和不同的人溝通更複雜深奧的藝術。每個人的愛好、忌諱及原則都各自不同。要想成功的和某人溝通，光靠蠻力是遠遠不夠的，你必須知道，對方要的是什麼。

## 你檢查過你的斧頭鈍了嗎？

伐木工人一輩子在山林裡面砍樹，他已經足足砍了大半輩子的樹了，可是最近他總覺得自己身體越來越差，「大概是我已經年老體邁，再也做不動了吧？」伐木工嘆息著想。

他的同事也發現了這位長輩最近砍樹的數目的確沒有以前那麼多，便很關心的問伐木工：「你最近是身體不好嗎？好像砍的樹越來越少了。」伐木工見被人說破了心事，更加沮喪了，埋頭說：「是啊，我砍了一輩子的樹木，也該停下來歇歇了。」

同事很詫異的回答說：「你看上去很年輕啊，而且你的力氣一點都沒有變小。上次運動會上你不是還獲得冠軍了嗎？你有沒有檢查過你的斧頭，也許是因為你的斧頭變鈍了，才導致你砍樹效率降低呢？」

伐木工把頭埋得更深了，雙手握著斧頭，繼續用力砍著樹木，「我日以繼夜的忙著砍樹，哪有空去檢查斧頭有沒有變鈍啊？」伐木工漫不經心的回答。

砍樹是一輩子的事，而檢查斧頭鈍了沒有，只要一分鐘。花一分鐘來使斧頭變得更鋒利，從而帶來每分鐘更高效率的砍樹，明顯要比一昧拿著鈍斧頭砍樹有效的多。有時候停下來短暫的思索，要比不間斷的勞動更聰明，如果你真的想獲得更多的話。

## 水牛要的不是力量，而是飼料

某農夫和兒子正在田裡耕種，村長突然找農夫有事情商議，於是叫兒子先牽著牛回家。由於兒子從沒有獨自牽牛的經驗，農夫想要傳遞給兒子一些牽牛的技巧，兒子不屑一顧的說：「不就是牽一頭牛回家，用大點力就可以了。」農夫搖著頭先往村長那裡趕去，兒子則自信滿滿的牽著牛回家。

農夫走後，兒子才知道了牽牛的不易，只認農夫為主人的水牛根本不買陌生人的帳，始終不肯乖乖的走回家。不管農夫兒子使出多大的力氣，水牛還是很倔強的不肯就犯。這時，一位路人經過，嘲笑農夫兒子說：「你這樣用蠻力，到天黑也回不了家，還是讓我來幫你吧。」

說著，路人就從農夫兒子身邊拿出一些飼料，三三兩兩扔在了回家的路上，正和農夫兒子賭氣的水牛不再倔強，而是低頭開心的吃著飼料，而飼料的分量是掌握的那樣的好，每當水牛吃完眼前的飼料，想要繼續吃時，牠就必須乖乖的往前走路，就這樣路人很快用飼料牽引水牛回到了家。

**和水牛比力氣，就像和關公比大刀一樣可笑，當你的力量無法幫助你取得勝利，而勝利又對你是那麼的重要的時候，請不要埋怨自己的力量太小，其實你需要去做的，只是花點心思就能找到簡單的解決方法。**

## 螞蟻的變通

實驗家在兩隻螞蟻面前放了一塊木板，且在木板的背後塗了很多蜂蜜，並把兩隻螞蟻放在了木板的正面。

螞蟻靈敏的嗅覺很快發現了不遠處有誘人的蜂蜜，憑牠們的直覺，牠們確定蜂蜜就在眼前這塊木板背後，要得到蜂蜜，就必須翻過木板。

於是兩隻螞蟻分別展開了不懈的努力，牠們都認準了木板背後的那個方向，然後用力沿著木板往上爬。可是木板對於螞蟻來說實在太高了，螞蟻們總是在爬到中途時體力不支而跌了下來。蜂蜜的香味陣陣飄來，牠們繼續往木板上爬，無一例外的跌了下來。

當一隻螞蟻還在鍥而不捨的進行攀登運動時，另外一隻螞蟻開始尋找其他的方向。當牠往左邊爬行不久，發現身旁的高山突然消失了，眼前是一片豁然開朗，牠沿著這片平地前行，輕而易舉的吃到了蜂蜜。

有時候兩點之間，直線既是最近的距離，同時又是最遙遠的距離。在螞蟻和蜂蜜之間，由於木板的存在，直線就是不可能完成的任務。為了不可能的任務而竭盡全力的付出，不如思索出一種更可行的方案後再行動。

# 第七節：心猿意馬

人的精力總是有限的，慾望的無限而實現慾望的精力相對有限，因此如何集中優勢顯得更為重要。企圖同時獲得是不切實際的。心猿意馬讓人無心體會經過自己身邊的每一個幸福和成功的可能。

同時你還必須記住，成功是很記仇也很喜歡吃醋的人，你對他三心二意，他絕對不會對你一心一意。

## 如果帕瓦蒂當了老師

帕瓦蒂是舉世聞名的全球三大男高音之一，他那高亢而充滿磁性的嗓音征服了許多音樂愛好者，從車站的賣報小販到國家總統，各行各業都有帕瓦蒂忠實的歌迷。

在一次演唱會的期間，一名自稱帕瓦蒂歌迷的記者偷偷來到後台，向正在休息的帕瓦蒂問道：「我只想向您請教一個問題，你成為歌唱家的秘訣是什麼呢？」

帕瓦蒂微笑著答道：「當我還是小孩子的時候，我就對音樂非常喜歡，但我念的卻是師範學院。在我畢業的前夕，我問我父親，我畢業後到底是當教師呢？還是進行我的歌唱事業？父親告訴我，舞台上只有一把椅子，如果你嘗試著兩把椅子都要坐，那麼就很有可能一把椅子都不穩。」

正因為帕瓦蒂在人生的轉折點毅然選擇有所放棄，他才有可能集中精力，將自己的音樂天賦充分的發揮出來，否則他可能碌碌無為。

人生總會有很多分岔路口，選擇了哪一條，就不能再回頭；人生就像一場全是選擇題的試卷，你只要不停的按照自己的特長選擇答案就可以了。可是時間很緊，你根本來不及修改答案，當你企圖強行修改前面的答案，你就沒有時間完成之後的答卷，你的人生將殘缺不全。

## 看到的只有野兔

國王帶著三位王子到野外狩獵，並想根據王子們的表現決定以後王位的繼承權，三位王子都明白裡面的利益關係，心中暗自發誓要在競賽中脫穎而出，給國王留下好印象。

到了草原後，國王回頭問三位王子：「請你們分別回答我，你們眼中都看到了什麼？」

第一位王子搶著回答說：「我看到了我手中的獵槍、無邊無際的草原，以及很多草原上奔跑的野兔。」

「不對。」國王搖了搖頭。

第二位王子以為這個失敗的答案太過簡單了，補充回答說：「我看到了威風凜凜的父親、英姿颯爽的哥哥和弟弟、全副武裝的衛隊、及腰的草叢，以及草叢中來回跳躍的野兔。」

國王嘆息了一聲，說：「還是不對。」

大家都把目光投向最後一位王子，只見他很冷靜的說：「我只看到了野兔。」

這時國王才欣喜的點頭回答說：「你答對了。」

大腦空間是有限的，什麼資訊都想收集、理解、吸收，往往什麼也吸收不了。因而，在規劃你的藍圖之前，先改掉心猿意馬的習慣吧，你的目標越簡單，才能越集中有限的精力和資源。

## 朝令夕改的誓言毫無意義

有一個獵人有三個習慣，第一個習慣是很喜歡發誓；第二個習慣是很喜歡按照誓言的內容去執行；第三個習慣則是他的誓言總是朝令夕改。

某天清晨他出門打獵前，發誓今天打獵只打野兔；然後，一整天下來他遇見的都只有山雞，為了履行自己只打野兔的誓言，他將一群群垂手可得的山雞從身邊放走，這一天他一無所獲。

第二天出門前發誓今天只打山雞，結果從日出到日落，他連一隻山雞也沒有看到，看到的都是羚羊，獵人同樣為了履行誓言而空手回家。

第三天，他發誓只打羚羊，結果再次讓他失望了，從山腳到山腰，他遇見的都是狐狸，這一天他當然依然一無所獲。

第四天，他把打獵的目標定位狐狸，結果，這一天他遇見的卻是漫天遍野的野兔，沒過多久，獵人就在自己多變的誓言中活活餓死了。

誓言本來的意義在於堅定你的信念，簡單而不變的誓言有助於維持你對理想的忠誠度，但心猿意馬的誓言本身就反證了你理想的不確定，忠於這樣的誓言，將如無頭蒼蠅般一事無成，朝令夕改的誓言毫無意義。

國家圖書館出版品預行編目資料

有些事該決定,有些事該改變 / 杜風著. --初版. -- 臺北市 : 種籽文化, 2016.11
面 ; 公分

ISBN 978-986-92690-6-3(平裝)

1.習慣 2.生活指導

176.74 105019950

Concept 103

# 有些事該決定,有些事該改變

作者 / 杜風
發行人 / 鍾文宏
編輯 / 編輯部
美編 / 文荳設計
行政 / 陳金枝

出版者 / 種籽文化事業有限公司
出版登記 / 行政院新聞局局版北市業字第1449號
發行部 / 台北市虎林街46巷35號1樓
電話 / 02-27685812-3傳真 / 02-27685811
e-mail / seed3@ms47.hinet.net

印刷 / 久裕印刷事業股份有限公司
製版 / 全印排版科技股份有限公司
總經銷 / 知遠文化事業有限公司
住址 / 新北市深坑區北深路 3 段 155 巷 25 號 5 樓
電話 / 02-26648800 傳真 / 02-26640490
網址:http://www.booknews.com.tw(博訊書網)

出版日期 / 2016年11月 初版一刷
郵政劃撥 / 19221780戶名:種籽文化事業有限公司
◎劃撥金額900(含)元以上者,郵資免費。
◎劃撥金額900元以下者,若訂購一本請外加郵資60元;
劃撥二本以上,請外加80元

定價:230元

喬木書房

喬木書房